AF178003

*Ausstellung für Milchversorgung*

# Milchspeisen und Getränke

*Ausstellung für Milchversorgung*

**Milchspeisen und Getränke**

*ISBN/EAN: 9783944350455*

*Auflage: 1*

*Erscheinungsjahr: 2013*

*Erscheinungsort: Bremen, Deutschland*

*@ Kochbuch-Verlag in Access Verlag GmbH, Fahrenheitstr. 1, 28359 Bremen. Alle Rechte beim Verlag und bei den jeweiligen Lizenzgebern.*

# Milch=
# Speisen und Getränke

Hamburg
Verlag von C. Boysen
1903

Verlagsanstalt u. Druckerei A.-G. (vorm. J. F. Richter) in Hamburg

# Vorwort.

Motto: Qui bene nutrit, bene curat.
Wer gut ernährt, sorgt gut.
„Gut ernähren" heißt „natürlich und gesund ernähren".

Wir besitzen in gut gewonnener und sauber behandelter Milch nicht nur ein gesundes und natürliches, sondern auch — was uns die bedeutenden Vorteile der Milch vor künstlichen Präparaten auszunutzen verhilft — ein sehr billiges Nahrungsmittel. Die für den menschlichen Organismus so wichtigen und unentbehrlichen Stoffe, Fett und Eiweiß sind in der Milch reichlich enthalten, und zwar in so glücklicher Verbindung mit anderen wertvollen Stoffen, daß die Milch im stande ist, uns in den ersten Lebensjahren alleine zu ernähren, eine Eigenschaft, die kein anderes Nahrungsmittel besitzt.

Die Milch, sowie aus ihr bereitete Speisen und Getränke nehmen im täglichen Speisezettel ländlicher Haushaltungen mit Recht einen hervorragenden Platz ein.

Trotz all ihrer Vorzüge findet die Milch in den großen und mittelgroßen Städten aber leider nicht die verdiente Würdigung. Es erschien deshalb als zweckmäßig, anläßlich der „Allgemeinen Ausstellung für hygienische Milchversorgung, Hamburg 1903", möglichst zahlreiche Rezepte für die Zubereitung von erprobten und empfehlenswerten Milch-Speisen und -Getränken zusammenzustellen und den die Ausstellung besuchenden Damen in Form eines Milchkochbuches zu überreichen.

Den Besuchern der Ausstellung wird in der im Ausstellungsgebäude errichteten Kosthalle Gelegenheit geboten, außer Milch und deren in der Ausstellung erzielten Produkte

1*

auch eine Auswahl nach dieser Rezeptsammlung zubereiteter Milch-Speisen und -Getränke einer kostmäßigen Prüfung zu unterziehen.

Obwohl angenommen werden darf, daß viele hier aufgenommene Rezepte allgemein bekannt sind, so durften unter dieser Voraussetzung die einfacheren Rezepte doch nicht unberücksichtigt bleiben. Hier eine Grenze zu ziehen, wäre unmöglich.

Das unterzeichnete Komitee spricht den geehrten Verfassern und Verlegern der als Quellen benutzten Kochbücher für ihr bereitwilliges Entgegenkommen, und den verehrten Hausfrauen für alle freundlichst eingesandten Beiträge seinen Dank aus und knüpft hieran die Hoffnung, daß dieses von Herrn Hof-besitzer C. Reuter-Saselhof verfaßte Büchlein möglichst große Verbreitung finden und durch fleißige Benutzung seinen Zweck erreichen möge.

**Die Kosthallen-Abteilung**
des Komitees der
Allgemeinen Ausstellung für hygienische
Milchversorgung, Hamburg 1903.

# Inhaltsverzeichnis.

### B. Suppen von saurer und Buttermilch.

## Kaltschalen.

### A. Kaltschalen von süßer Milch.

### B. Kaltschalen von saurer und Buttermilch.

Warme Nachspeisen.

## A. Aufläufe und Mehlspeisen.

## B. Puddings.

## C. In der Pfanne Gebackenes.

# Die Behandlung der Milch.

## A. Einfache Kennzeichen guter Vollmilch.

Gute Vollmilch hat eine dicke weißgelbliche Farbe, ist nicht durchscheinend, bläulich, rötlich oder stark gelblich.

Ein Tropfen guter Vollmilch muß im Wasser sinken.

Ein Tropfen guter Vollmilch, auf den Fingernagel getan, behält seine runde Form, er darf nicht zerfließen.

Gute Vollmilch fühlt sich beim Reiben zwischen den Fingern fett an.

Gute Vollmilch muß einen reinen, etwas süßlichen Geschmack haben und muß frei von Geruch sein.

Gute Vollmilch darf keine dicklichen Bestandteile oder Schmutz enthalten.

Gute Vollmilch bildet beim Verdampfen eine Haut an der Oberfläche.

## B. Die Aufbewahrung der Milch.

Mit Recht beschuldigt man oft das Küchenpersonal, daß es sich um eine sorgfältige Behandlung der Milch zu wenig kümmert. Wie oft mag es vorkommen, daß vom Händler gelieferte gute Milch innerhalb weniger Stunden in der Küche verdirbt, weil sie in einem Gefäß aufbewahrt oder gekocht wurde, das nicht mit peinlichster Sauberkeit gereinigt war, oder trotz anscheinend gründlicher Reinigung in feinen Rissen und Sprüngen alten Schmutz enthielt, der auf die Milch verderblich wirkte, oder weil die Milch durch Aufbewahrung im offenen Gefäß in der Küche dem verderblichen Einfluß der warmen Küchenluft ausgesetzt wurde.

Die Milch ist äußerst empfindlich und muß mit Rücksicht darauf nach folgenden Regeln aufbewahrt und behandelt werden.

Man gieße die Milch beim Eintreffen in sehr gründlich gereinigte, heile, von Rissen und Fugen freie Gefäße von Porzellan, Steingut, Glas oder emailliertem Metall, die ausschließlich nur zu diesem Zweck benutzt werden, und stelle sie sofort in einen luftigen, möglichst kühlen Raum, im Sommer in kaltes Wasser oder auf Eis und decke sie mit einem auf Rahmen gespannten, sauberen Gazetuch zu. Ist die Luft im Aufbewahrungsraum nicht vollkommen rein und frei von Geruch, müssen die Milchgefäße fest verschlossen werden.

Wo passende Aufbewahrungsräume fehlen, muß täglich zweimal Milch geholt werden.

Bei Gewitterluft muß die Milch beim Eintreffen sofort aufgekocht und nachdem schnell abgekühlt werden.

Frische Milch darf nie zu der alten gegossen werden.

Zum Schöpfen der Milch benutze man vor jedesmaligem Gebrauch nur sehr gründlich gereinigte Geräte.

## C. Das Kochen der Milch.

Zum Abkochen der Milch benutze man nur einen ausschließlich hierfür bestimmten Topf aus emailliertem oder gut verzinntem Metall, am besten einen solchen mit doppelten Wandungen, so daß die Milch von Wasser umgeben werden kann und infolgedessen nicht anbrennt. Die beim Verdampfen der Milch entstehende Haut enthält viel Nährwert, ist aber wenig beliebt und wird meistens vor dem Genuß der Milch entfernt. Um diese Hautbildung zu verhüten, rühre man die Milch beim Kochen und kühle sie nachdem möglichst schnell ab.

Zur Verhütung der Hautbildung und des Überkochens der Milch empfiehlt Frau H. Heyl, auf die Milch einen sogenannten Milchhüter zu setzen, ein einfaches, in Haushaltungsgeschäften erhältliches Blechhütchen, welches so eingerichtet ist, daß die Milch bei starkem Kochen in dasselbe aufsteigt, darin abkühlt und dann wieder in den Topf zurückfällt.

Man salze die Milch nie vor dem Kochen, weil sie
dann, wenn sie nicht ganz frisch ist, leicht gerinnt.

Milch für Säuglinge muß immer gleichlange kochen,
damit sie in der Qualität nicht verschieden ausfällt.

Man füllt die mit etwas Milchzucker versetzte und je
nach Alter des Säuglings mit Wasser verdünnte Milch in
mit Salz gereinigte Flaschen, verschließt diese gut, am besten
mit Patent-Gummipfropfen, stellt sie in einen mit Salzwasser
gefüllten Topf und kocht ca. 3 Minuten, worauf die Flaschen
etwas geschüttelt und zur Aufbewahrung an einen kühlen
Ort gestellt werden.

Zum Kochen resp. Sterilisieren der Säuglingsmilch haben
sich besonders hierfür eingerichtete Apparate von Professor
Soxhlet, München, in der Praxis sehr gut bewährt und
können jeder jungen Mutter aufs beste empfohlen werden.

# Suppen.

## A. Suppen von süßer Milch.

### 1. Einfachste Milchsuppe.

Fein geschnittenes Weizen- oder Roggenbrot wird mit kochender Milch überbrüht und mit ein wenig Salz abgeschmeckt.

### 2. Milchsuppe mit Mondamin.

2 Liter Milch, 50 Gramm Mondamin, Zimt oder Zitronenschale, Salz.

1$^3/_4$ Liter Milch wird mit dem Gewürz außer Salz abgekocht, das Mondamin vorher in $^1/_4$ Liter kalter Milch verrührt, dazu getan und alles zusammen noch 10 Minuten gekocht. Zuletzt wird mit ein wenig Salz abgeschmeckt. — Für 5 Personen. (Kochbuch für Kranke von Dr. Dornblüth.)

### 3. Milchsuppe mit Stärkemehl.

$^1/_2$ Liter Milch, 9 Gramm Stärkemehl, 9 Gramm Zucker, 1 Theelöffel Zitronenzucker, Zimt, Salz.

Zubereitung wie Milchsuppe mit Mondamin. — Für 1 Person. (Die Krankenkost von H. Heyl.)

### 4. Milchsuppe mit Tapioka, Kartoffel- oder Perlsago.

2 Liter Milch, 100 Gramm Perlsago, Zucker, Zimt, Salz.

Die Milch wird mit Zimt und Zucker aufgekocht, dann der Sago hineingegeben und mäßig eine halbe bis dreiviertel Stunde gekocht, bis die Körner weich sind und klar aussehen. Zuletzt wird mit ein wenig Salz abgeschmeckt. — Für 5 Personen.

## 5. Milchsuppe mit Perlgraupen.

2 Liter Milch, 140 Gramm Perlgraupen, Zucker, Zimt, Salz.

Die Perlgraupen werden mit wenig kochendem Wasser auf das Feuer gesetzt und langsam in kurzer Brühe weich gekocht, wobei man zuweilen etwas kochendes Wasser nachgießt und über den Grund des Topfes rührt, da sich die Graupen leicht ansetzen. Sobald diese nach 1½ bis 2 Stunden ganz weich sind, wird die Milch mit Zucker und Zimt dazu gegeben, eine halbe Stunde damit gekocht und zuletzt mit ein wenig Salz abgeschmeckt. — Für 5 Personen.

## 6. Milchsuppe mit Reis, Gersten- oder Buchweizengrütze.

2 Liter Milch, 125 Gramm Reis, Gersten- oder Buchweizengrütze, Zucker, Zimt, Salz.

Den Reis läßt man in wenig Wasser ½ Stunde auf gelindem Feuer anquellen, fügt dann die Milch hinzu und kocht noch ½ bis ¾ Stunde. Zuletzt wird mit ein wenig Salz abgeschmeckt. In der Terrine wird die Suppe mit etwas Zucker und Zimt bestreut. — Für 5 Personen.

## 7. Milchsuppe mit Grieß.

2 Liter Milch, 100 Gramm Grieß, Zucker, Zimt oder Zitronenschale, Salz.

Wenn die Milch kocht, streue man den Grieß trocken unter ständigem Rühren hinein, füge Zucker und Zimt oder Zitronenschale hinzu und koche unter stetem Rühren etwa 10 Minuten. Zuletzt mit ein wenig Salz abschmecken. — Für 5 Personen.

## 8. Milchsuppe mit Fadennudeln.

1¼ Liter Milch, 3 Puppen Fadennudeln, 30 Gramm Zucker, 1 Eßlöffel Zitronenzucker, Zimt, Salz.

Zubereitung wie Milchsuppe mit Grieß. — Für 4 Personen.

### 9. Milchsuppe mit Haferflocken.

2 Liter Milch, 80 Gramm Haferflocken, Zucker, Zimt, Salz.

Zubereitung wie Milchsuppe mit Grieß. 20 Minuten kochen! — Für 5 Personen.

### 10. Milchsuppe mit Weizenmehl I.

2 Liter Milch, 100 Gramm Weizenmehl, Salz.

1 3/4 Liter Milch wird zum Kochen gebracht, unterdessen 1/4 Liter Milch mit dem Mehl fein angerührt und hinzu getan, dann 20 Minuten gekocht, während auf dem Grunde des Topfes ständig gerührt werden muß, weil Mehlsuppe leicht anbrennt. Zuletzt ein wenig Salz. — Für 5 Personen.

### 11. Milchsuppe mit Weizenmehl II.

1/2 Liter Milch, 65 Gramm Weizenmehl, 1 Eigelb, 5 Gramm Butter, 5 Gramm Zucker, 3 Gramm Salz.

Das Mehl wird in ein sauberes Stück lose Leinwand gebunden und 1 Stunde in 1/2 Liter Wasser gekocht. Der Schleim, der sich durch den Beutel gedrückt hat, wird abgenommen und mit der kochenden Milch zu einer glatten Suppe verrührt. Darauf fügt man die 3 Gramm Salz und Eigelb, Zucker und Butter nach Belieben hinzu. — Für 1 Person.                   (Die Krankenkost von H. Heyl.)

### 12. Milchsuppe mit Roggenmehl.

1/2 Liter Milch, 25 Gramm Roggenmehl, 1 Ei, 5 Gramm Butter, 3 Gramm Salz.

Das Roggenmehl wird mit 1/2 Liter kaltem Wasser und dem Salz verrührt, im irdenen Topf 15 Minuten unter Rühren gar gekocht und mit der Milch, nach Belieben heiß oder kalt, zum Zugießen angerichtet. Man kann die Suppe mit 1 Ei und 5 Gramm Butter abrühren. — Für 1 Person.

(Die Krankenkost von H. Heyl.)

### 13. Milchsuppe mit gebranntem Mehl.

2 Liter Milch, 100 Gramm Mehl, Zucker, Salz.

Das unter Umrühren trocken geröstete Mehl wird, wenn es hellbraun ist, mit etwas kalter Milch verrührt und in die übrige schon kochende Milch getan, nach 20 Minuten Kochen wird die Suppe mit Zucker und Salz abgeschmeckt. — Für 5 Personen.

### 14. Milchsuppe

mit präpariertem Hafer=, Reis=, Buchweizen=, Mais=, Gersten=, Grünkern=, Hülsenfruchtmehl von Hohenlohe, Knorr.

1¹/₂ Liter Milch, 4 bittere geriebene Mandeln oder 1 Eßlöffel Zitronenzucker oder 1 Eßlöffel Vanillezucker, 40 Gramm des betreffenden Mehles, 20 Gramm Butter, 40 Gramm Zucker, 1 Eigelb, 1 Semmel in Würfeln, 8 Gramm Salz.

1 Liter Milch wird mit den Mandeln oder dem Zitronen- oder Vanillezucker aufgekocht, mit dem betreffenden Mehl, welches in ¹/₂ Liter Milch angerührt wurde, eine halbe Stunde gekocht, mit Butter, Zucker und Salz abgeschmeckt. Die in Butter gebratenen Semmelbröckchen werden dazu gegeben. Die fertige Suppe wird mit dem Eigelb abgezogen und durch ein Sieb in die Terrine gefüllt. In Hafersuppe tut man 30 Gramm ausgequollene Korinthen. — Für 4 Personen.

(Das ABC der Küche von H. Heyl.)

### 15. Milchsuppe mit Mehlklunkern.

2 Liter Milch, 4 Eier, 50 Gramm Mehl, Salz.

Die Milch wird zum Kochen gebracht. Unterdessen bereite man aus den Eiern, dem Mehl, Salz und ein wenig Milch einen schaumigen Teig, den man über rasch gedrehtem Quirl in die Milch tut. Sobald die Suppe hierauf aufkocht, ist sie zum Auftragen fertig. — Für 5 Personen.

(Vegetar. Kochbuch von Eduard Baltzer.)

2*

### 16. Norwegische Milchsuppe.

2 Liter Milch, 50 Gramm Grieß oder Reismehl, 4 Eier,
1½ Gläschen Kognak.

Man kocht eine Milchsuppe mit Grieß oder Reismehl
wie oben angegeben, dann schlägt man in der Terrine die Eier
mit dem Kognak tüchtig durch und gießt unter beständigem
Schlagen die kochende Suppe dazu. — Für 5 Personen.

### 17. Milchbrotsuppe.

1 Liter Milch, 200 Gramm geriebenes altes Graubrot
oder Semmel, 40 Gramm Zucker, 2 Eigelb, Salz.

Das geriebene Brot wird auf einer fettfreien Pfanne
unter häufigem Rühren recht trocken geröstet, darauf mit
Wasser verrührt und, zugedeckt, eine Stunde auf eine warme
Stelle des Herdes gestellt. Dann rührt man den Brei mit
der heißen Milch glatt und fügt die mit Zucker verschlagenen
Eigelb mit einer Prise Salz nach Geschmack zur fertigen
Suppe und rührt sie durch ein Sieb. — Für 4 Personen.

(Die Krankenkost von H. Heyl.)

### 18. Milchsuppe mit Schneeklößen.

3 Liter Milch, 12 feingestoßene bittere Mandeln, 45 Gramm
Stärke oder 60 Gramm Mehl, 2 Eigelb, Eiweiß von 4 Eiern,
Zucker, Zimt, Salz.

Die Milch wird mit einem Stückchen Zimt oder den
feingestoßenen Mandeln und etwas Zucker zum Kochen gebracht, dann die Stärke oder das Mehl, welches mit etwas
zurückbehaltener Milch angerührt worden, hinein gegeben
und unter fortwährendem Rühren etwa 10 Minuten gekocht;
bei Anwendung von Stärke braucht die Suppe nur einigemale
aufzuwallen. Dann wird Salz nach Geschmack und die Eigelb gut durchgerührt und von dem mit Zucker zu recht festem
Schnee geschlagenen Eiweiß Klößchen auf die Suppe gelegt,
welche man mit Zucker und Zimt bestreut, worauf die Terrine
rasch zugedeckt wird. Die Suppe ist kalt ebenso angenehm
als warm. — Für 6 Personen.

## 19. Mandelmilchsuppe.

2 Liter Milch, 100 Gramm abgezogene und fein geschnittene süße Mandeln, 6 Eier, Zucker, Zitronenschale, Salz.

Die Mandeln werden mit den 6 Eigelb und etwas Zucker
in der kalten Milch klar gequirlt, etwas Zitronenschale hinzugefügt und das Ganze unter stetem Umrühren zum Aufkochen gebracht, dann vom Feuer genommen und vor dem
Anrichten das zu Schnee geschlagene Eiweiß daruntergerührt.
Zuletzt Salz nach Geschmack. — Für 5 Personen.

(Vegetar. Kochbuch von Eduard Baltzer.)

## 20. Schokoladensuppe.

2 Liter Milch, 200 Gramm Schokolade, 2 Eidotter,
Zucker, Vanille, Zimt, Salz.

Die Schokolade wird mit etwas Wasser aufs Feuer gesetzt und zu Brei gerührt, die Milch und Zucker nach Geschmack hinzugegeben, und wenn sie kocht, die Suppe mit
2 Eigelb, Vanille und Zimt angerichtet. Aus dem Eiweiß
macht man Schneeklöße, legt sie auf die Suppe und bestreut
sie mit Zucker und Zimt. Es wird Zwieback dazu gegeben.
Für 5 Personen.

## 21. Kürbissuppe.

2 Liter Milch, 1 Kilogramm saftiges Kürbisfleisch, 60
Gramm Hafergrütze, Zucker, Salz.

Die Milch wird aufgekocht, dann der in kleine Würfel
geschnittene Kürbis und die Hafergrütze hineingerührt, das
Ganze etwa 1 Stunde gekocht, durch ein Sieb geschlagen und
mit Zucker und Salz abgeschmeckt. — Für 5 Personen.

## 22. Schwedische Biersuppe.

3/4 Liter Milch, 1 Liter gutes Braunbier, 25 Gramm
Maizena, 1 Eßlöffel Zucker, Salz.

Das Braunbier wird zum Kochen gebracht, dann verrührt man die Milch mit Maizena und Zucker und läßt
dieses langsam in das kochende Bier laufen, indem man bis
zum Aufkochen gut umrührt. Zuletzt Salz nach Geschmack.
Für 5 Personen.

### 23. Milchsuppe mit jungen Erbsen.

2 Liter Milch, ½ Liter junge grüne Erbsen, 50 Gramm
Mehl, 60 Gramm Butter, 2 Eigelb, Petersilie, Zwiebel, Salz.

Man kocht die grünen Erbsen mit Zwiebel und Petersilie in der Milch weich, schlägt sie durch ein Haarsieb und
gibt das mit der Butter zusammengeknetete Mehl sowie Salz
daran und läßt die Suppe aufkochen. Dann zieht man
diese mit Eigelb ab und gibt kleine Schwemmklöße dazu.

(Hygien. Kochbuch von Elise Starker nach Dr. Lahmann.)

### 24. Russische Gemüsemilchsuppe.

1 Liter Milch, 150 Gramm Gemüse aller Art, 4 rohe
Kartoffeln, 50 Gramm Graupen, 50 Gramm Butter, 1 Eßlöffel gewiegte Petersilie, 10 Gramm Salz.

Die Gemüse werden geputzt und in Würfel oder Stückchen geschnitten, ebenso die Kartoffeln. Die Graupen werden
zweimal in Salzwasser übergewellt, die Gemüse mit kochendem Wasser überbrüht. In einem irdenen Topfe schwitzt
man unter Umrühren Graupen und Gemüse in der Butter
durch, gießt Wasser hinzu, tut Salz daran und kocht alles
weich. Dann füllt man nach und nach Milch zu und streut
zuletzt Petersilie in die gut mit Salz abgeschmeckte Suppe. —
Für 4 Personen. (Das ABC der Küche von H. Heyl.)

## B. Suppen von saurer und Buttermilch.

### 25. Saure Milchsuppe.

Semmel und Grahambrot, gequirlte saure Milch, Zimt,
Zucker.

Das Brot wird im beliebigen Verhältnis in Wasser weich gekocht und durchgeschlagen. Die erhaltene Masse wird dann mit der Milch, einer starken Prise feingestoßenen Zimt und etwas Zucker aufgekocht.

(Vegetar. Kochbuch von Eduard Baltzer.)

## 26. Buttermilchsuppe mit Klößen.

2 Liter Buttermilch, 50 Gramm Mehl, 1—2 Eigelb, Zucker.

Die Buttermilch wird mit dem Mehl unter Rühren über starkem Feuer zum Kochen gebracht, dann mit Zucker versüßt und mit dem Eigelb abgezogen. Zu dieser Suppe werden Klöße (siehe Klöße) gegeben, die in derselben gekocht sind. — Für 5 Personen.

## 27. Buttermilchsuppe mit Schwarzbrot und Mehl.

2 Liter Buttermilch, Krusten und Überbleibsel von Schwarzbrot, 50 Gramm Mehl, etwas Anissamen, Zucker, Salz.

Das Brot wird mit dem Anissamen in Wasser während 2 Stunden weich gekocht, dann die mit dem Mehl angerührte Buttermilch hinzugefügt und solange gerührt, bis die Suppe gehörig durchkocht. Zucker und zuletzt Salz nach Geschmack. Für 5 Personen.

## 28. Buttermilchsuppen

mit Sago, Graupen, Reis, Buchweizen- und Gerstengrütze, Gries, Haferflocken, Weizen- und Roggenmehl, sowie mit präpariertem Hafer-, Reis-, Buchweizen-, Mais-, Gersten-, Grünkern-, Hülsenfrucht-Mehl werden wie die entsprechenden Suppen mit süßer Milch zubereitet. Es wird nur empfohlen, die Buttermilch mit etwas Mehl unter Umrühren aufs Feuer zu setzen, damit sie nicht gerinnt.

Die Buttermilchsuppen können zur Verfeinerung mit 1 Eigelb auf je 1 Liter abgerührt werden.

## 29. Bayrische Herbstsuppe.

1 Liter Herbstmilch, 2 Liter Wasser, ⅓ Liter Roggenmehl, Salz.

Im Gebirge, wo die Leute während des Abweidens
der hochgelegenen Almen im Tal keine frische Milch zur
Verfügung haben, wird ein genügender Vorrat an Milch
für diese Zeit in mit Salz und Zwiebeln ausgeriebenen
Holzkübeln vorher zum Sauerwerden hingestellt, abgerahmt
und zugedeckt, monatelang sich selbst überlassen.

Von dieser sogenannten Herbstmilch wird 1 Liter gut
verrührt, mit ⅓ Liter Roggenmehl ausgerührt, dann unter
stetem Umrühren in 2 Liter kochendes Wasser getan und
einige male mit etwas Salz aufgekocht. — Indem man
einen Teil des Wassers durch süße Milch und Rahm
ersetzt, kann man die Suppe verfeinern.

# Kaltschalen.

## A. Kaltschalen von süßer Milch.

### 30. Zitronen-Milchkaltschale I.

1 ¼ Liter Milch, 2 Eßlöffel Zitronenzucker oder Zitronensaft, 5 Gramm Kartoffelmehl, 3 Eigelb, 75 Gramm Zucker,
Zimt, Salz.

Man kocht 1 Liter Milch mit Zucker und Gewürzen
auf, quirlt die Eigelb, welche mit Kartoffelmehl und kalter
Milch verschlagen sind, durch ein Sieb dazu, rührt die Milch
auf dem Feuer ein wenig seimig und läßt sie auf Eis
erkalten. Die in der Suppe schwimmenden Gewürze werden
vor dem Anrichten entfernt. — Für 4 Personen.

(Das A B C der Küche von H. Heyl.)

### 31. Zitronen-Milchkaltschale II.

1 Liter Milch, 6 Eigelb, 200 Gramm Zucker,
Zitronenschale.

Der Zucker wird mit der Zitronenschale verrieben und
dann mit 6 Eigelb schäumig verrührt. Diese Masse gießt
man unter stetem, bis zum Abkühlen fortgesetztem Quirlen in
1 Liter kochende Milch und läßt das Ganze auf Eis erkalten. —
Für 3 Personen. (Vegetar. Kochbuch von Eduard Baltzer.)

### 32. Vanille-Milchkaltschale.

1 ¼ Liter Milch, 1 Gramm Vanille, 5 Gramm Kartoffelmehl, 3 Eigelb, 75 Gramm Zucker, Salz.

Zubereitung wie Zitronen-Milchkaltschale I. — Für
4 Personen. (Das A B C der Küche von H. Heyl.)

### 33. Erdbeer-Milchkaltschale I.

Beim Anrichten der Zitronen-Milchkaltschale I fügt man
125 Gramm frische, mit 40 Gramm Zucker eingezuckerte
Walderdbeeren hinzu.

### 34. Erdbeer-Milchkaltschale II.

2 Liter Milch, 2 Liter recht reife Wald- oder Garten-
erdbeeren, Zucker.

Man bestreue die Erdbeeren gut mit Zucker, übergieße
sie mit kalter Milch und stelle das Ganze mindestens 2
Stunden kalt.

Man kann statt Erdbeeren auch Blaubeeren,
Johannisbeeren oder Himbeeren nehmen. — Für
5 Personen.

### 35. Pfirsich-Milchkaltschale.

1 ¼ Liter Milch, 4 gereinigte Pfirsichblätter, 5 Gramm
Kartoffelmehl, 3 Eier, 75 Gramm Zucker, Salz.

Man läßt die Pfirsichblätter 2 Minuten in der Milch
ziehen und zuletzt Schneeklöße von dem Eiweiß auf der
Suppe fest werden. Im übrigen Zubereitung wie Zitronen-
Milchkaltschale I. — Für 4 Personen.

(Das A B C der Küche von H. Heyl.)

### 36. Holunderblüten-Milchkaltschale.

1 ¼ Liter Milch, 2 Dolden Holunderblüten, 5 Gramm
Kartoffelmehl, 3 Eier, 75 Gramm Zucker, Zimt, Salz.

Zubereitung wie Pfirsich - Milchkaltschale. — Für
4 Personen.

### 37. Mandel-Milchkaltschale.

2 Liter Milch, 125 Gramm süße und 8 Stück bittere
Mandeln, ½ Stange Vanille, 1 Eßlöffel Kartoffelmehl, 3 Eier,
Zucker, Salz.

Die Mandeln werden geschält und fein geschnitten, dann
mit der Vanille in die kochende Milch getan und diese vom
Feuer abgesetzt. Nach ½ Stunde gieße man die Milch durch

ein feines Sieb, laſſe ſie dann mit etwas Zucker, Salz und
dem klar gerührten Kartoffelmehl von neuem aufkochen, ziehe
ſie, vom Feuer genommen, mit den Eigelb ab und laſſe ſie
auf Eis erkalten. Mit dem Schnee der Eiweiß wird die
Suppe garniert. — Für 5 Perſonen.

(Vegetar. Kochbuch von Eduard Baltzer.)

### 38. Reis-Kaltſchale.

1 Liter Milch, 30 Gramm Reisgrieß, 40 Gramm Mandeln, 2 Eigelb, 60 Gramm Zucker, 2 Eßlöffel Roſenwaſſer.

Man gibt die abgezogenen fein geriebenen Mandeln
in die Milch, läßt dieſe aufkochen und ſtreut dann den Reisgrieß hinein. Nun läßt man dieſen aufquellen, gibt den
Zucker dazu und rührt die Speiſe mit dem Eigelb ab, worauf
man ſie erkalten läßt. — Für 3 Perſonen.

(Hygien. Kochbuch von Eliſe Starker nach Dr. Lahmann.)

### 39. Sago-Kaltſchale.

1 Liter Milch, 20 Gramm Sago, 30 Gramm Zucker,
1 Teelöffel Orangeblütenwaſſer.

Man kocht den Sago mit der Hälfte der Milch ganz
klar, läßt ihn unter öfterem Umrühren erkalten und rührt
dann noch die übrige ungekochte Milch, Zucker und Orangeblütenwaſſer dazu. — Für 3 Perſonen.

(Hygien. Kochbuch von Eliſe Starker nach Dr. Lahmann.)

## B. Von ſaurer und Buttermilch.

### 40. Setzmilch.

Man gieße die friſche Vollmilch in Suppenteller, Glas-
ſchalen oder kleine irdene Gefäße und laſſe ſie, leicht zugedeckt,
bei ca. 15° R. 1 — 2 Tage ſtehen. (Siehe ſaure Milch.)
Dieſelbe wird, ungeſchlagen, mit geriebenem Schwarzbrot
und Zucker beſtreut.

### 41. Saurer Rahmschaum.

1 Liter dicker saurer Rahm, 50 Gramm geriebenes Schwarzbrot, 60 Gramm Zucker.

Der saure Rahm muß so lange geschlagen werden, bis er kurz vor der Butterbildung ist. Man nimmt sodann den Schaum ab, legt ihn auf Teller oder in Glasschalen und reicht ihn mit Schwarzbrot und Zucker. Walderdbeeren schmecken gut dazu. Auf Eis hält sich der Schaum etwa 8 Stunden. Für 4 Personen.          (Das A B C der Küche von H. Heyl.)

### 42. Quark-Kaltschale.

1 Liter süßer Rahm, ¹/₂ Kilogramm Quark, 80 Gramm Zucker.

Man schlägt den Quark durch ein Haarsieb, gibt den Zucker dazu und rührt den Rahm langsam daran. Der Quark muß recht schaumig gerührt werden. Man gibt geriebenes Brot und Zucker dazu. — Für 4 Personen.

(Hygien. Kochbuch von Elise Starker nach Dr. Lahmann.)

### 43. Buttermilch-Kaltschale.

Frische reinschmeckende Buttermilch wird mit altem geriebenen Schwarzbrot, etwas Zucker und Zimt gut durchgerührt und mit Zwieback oder leicht gerösteten Weißbrotschnittchen gegeben.

# Grützen und Breie.

## A. Grützen und Breie von süßer Milch.

### 44. Mehlgrütze.

2 Liter Milch, 100 Gramm Kartoffelmehl, 60 Gramm Weizenmehl, 2 Eier, Zucker, Zimt, Salz.

Die Eier werden tüchtig geschlagen, darauf alles Mehl hinzugerührt und mit ½ Liter kalter Milch verdünnt. Wenn die übrige Milch stark kocht, schüttet man das ausgerührte Mehl unter stetem Rühren hinein und fährt mit dem Rühren bis zum Aufkochen fort. Zuletzt wird mit ein wenig Salz abgeschmeckt, Zucker und Zimt wird darüber gestreut. — Für 5 Personen.

### 45. Buchweizengrütze.

2 Liter Milch, 400 Gramm feine Buchweizengrütze, Salz.

Man schüttet die Buchweizengrütze unter beständigem Rühren in die kochende Milch und fährt mit dem Rühren fort, bis die Grütze kocht. Während sie gar kocht, rührt man von Zeit zu Zeit um und gibt zuletzt ein wenig Salz daran. — Für 5 Personen.

### 46. Gerstengrütze.

2 Liter Milch, 400 Gramm Gerstengrütze, Salz.

Man schüttet die Gerstengrütze in die kochende Milch, kocht sie dann 2—3 Stunden lang ohne Umrühren; erst kurz vor dem Garwerden wird sie dann und wann umgerührt. Zuletzt kommt etwas Salz hinzu. — Für 5 Personen.

## 47. Roggenmehlgrütze.

2 Liter Milch, 400 Gramm grobes Roggenmehl, Salz.
Zubereitung wie Buchweizengrütze.

## 48. Graupengrütze.

2 Liter Milch, 225 Gramm Perlgraupen, Salz.

Die Graupen müssen am Abend vorher in kaltem Wasser
eingeweicht werden und die Nacht darin stehen. Das Wasser
wird abgegossen und die Grütze zubereitet wie Gerstengrütze.
— Für 5 Personen.

## 49. Sagogrütze.

2 Liter Milch, 225 Gramm Sago, Salz.

Man schüttet den Sago unter beständigem Rühren in
die kochende Milch und läßt die Grütze 1 Stunde unter
öfterem Umrühren kochen. Zuletzt ein wenig Salz. — Für
5 Personen.

## 50. Reisgrütze.

2 Liter Milch, 250 Gramm Reis, Zucker, Zimt, Salz.

Der Reis wird erst in kaltem Wasser gewaschen und
mehrere Male in kochendem Wasser abgespült. Darauf
gieße man etwas kochende Milch darüber, wodurch der Reis
weißer wird, indem die darin befindliche Säure entweicht.
Abgekühlt gießt man die Flüssigkeit ab, schüttet den Reis in
die übrige kochende Milch und kocht ihn zugedeckt ohne Umrühren 1 1/2 Stunden. Zuletzt ein wenig Salz. Man streut
Zucker und Zimt darüber. — Für 5 Personen.

## 51. Hafergrütze (Brei).

2 Liter Milch, 200 Gramm Hafergrütze.

Man setzt die Grütze mit einem Teil der Milch zu
Feuer, läßt sie langsam kochen, gibt die übrige Milch nach
und nach dazu. Kochzeit 2 Stunden. — Für 5 Personen.

(Hygien. Kochbuch von Elise Starker nach Dr. Lahmann.)

## 52. Hirsebrei.

2 Liter Milch, 250 Gramm Hirse.

Zubereitung wie Hafergrütze, Kochzeit 1½ Stunden.
Für 5 Personen.

(Hygien. Kochbuch von Elise Starke nach Dr. Lahmann.)

## 53. Grießbrei.

2 Liter Milch, 250 Gramm Weizengrieß.

Man bringt die Milch zum Kochen, rührt das Grieß-
mehl hinein und läßt den Brei unter öfterem Umrühren
1½ Stunden langsam kochen. — Für 5 Personen.

(Hygien. Kochbuch von Elise Starke nach Dr. Lahmann.)

## 54. Maisbrei.

2 Liter Milch, 250 Gramm Maisgrieß.

Zubereitung wie Grießbrei, Kochzeit 2 Stunden. —
Für 5 Personen.

(Hygien. Kochbuch von Elise Starke nach Dr. Lahmann.)

## 55. Rote Grütze.

½ Liter Johannisbeersaft, ³/₄ Liter Himbeersaft, ³/₄ Liter
Wasser, 130 Gramm Sago- oder Kartoffelmehl, Zucker,
Vanille, süßer Rahm oder Milch.

Man vermischt den Fruchtsaft mit dem Wasser, rührt
mit einem kleinen Teil davon das Sago- oder Kartoffelmehl
kalt aus. Den übrigen Saft bringt man mit Zucker und
Vanille nach Geschmack zum Kochen, setzt ihn dann vom
Feuer ab und rührt das angerührte Mehl hinein. Man läßt
ihn darauf noch einmal unter Umrühren aufkochen und gießt
ihn in eine kalt ausgespülte und mit Zucker bestreute Form.
Nach dem Erkalten wird die Grütze gestürzt und süßer Rahm
oder Milch dazu gegeben.

## B. Grützen und Breie von saurer und Buttermilch.

### 56. Stippmilch.

⅜ Kilogramm (¾ Pfund) Quark, ⅛ Liter süßer Rahm, 20 Gramm Zucker, Zimt.

Der Quark wird durch ein Haarsieb gestrichen, mit Rahm und Zucker 5 Minuten verschlagen, angerichtet und mit Zimt bestreut. — Für 4 Personen.

(Das ABC der Küche von H. Heyl.)

### 57. Dickmilchgrütze.

2 Liter gut geschlagene dicke Milch, 400 Gramm Gersten-grütze oder 400 Gramm Buchweizengrütze, Salz.

Die Grütze wird mit der Milch kalt ausgerührt und gekocht, indem man sie dann und wann umrührt, bis sie gar ist. Sie wird mit süßem Rahm oder Milch gegessen. — Für 5 Personen.

### 58. Buttermilchgrütze.

Die Buchweizen-, Gersten-, Graupen-, Sago-, Reis- oder Hafergrütze kann statt mit süßer Milch mit Buttermilch zu-bereitet werden. Auch kann man zu den Süßmilchgrützen Buttermilch reichen.

Bei der Zubereitung der Grützen und Breie werden vielfach Rosinen und Korinthen verwandt.

# Nahrhafte Puddings.

## 59. Quarkpudding I.

¹/₄ Kilogramm Quark, ¹/₂ Kilogramm Mehl, 100 Gramm Zucker, ein gutes Backpulver, ein an Apfelsinenschale abgeriebenes Stück Zucker oder ein Teelöffel Apfelsinenzucker, 10 Gramm Salz, 50 Gramm Fett = 4 Eßlöffel, 15 Gramm Salz zum Abkochen.

Das Mehl wird in einem Topf mit dem weißen Käse, Zucker, Backpulver, Apfelsinenzucker und Salz mit sauberen Händen glatt verknetet und nun mit der Mischung von Fett und 4 Eßlöffel heißem Wasser zu einem Teich geknetet, den man zu einer Kugel rollt. Ein sauberes weißes Tuch streut man mit Mehl leicht aus, legt die Kugel hinein, bindet es oben lose zu und läßt den Pudding in einem großen Topf, in dem man Wasser und 15 Gramm Salz zum Kochen brachte, und auf dessen Boden man eine umgekehrte Untertasse setzt, damit das Tuch nicht ansengt, 2 Stunden langsam kochen. Beim Anrichten nimmt man das Tuch vorsichtig in eine Schüssel, öffnet den Bindfaden, zieht das Tuch hervor und kippt den Pudding vorsichtig in die Anrichtschüssel. Man gibt weichgekochtes Backobst, warmes Pflaumenmus oder gebratenen Speck mit Zwiebelwürfeln dazu.　　　　　(Blätter für Volksgesundheitspflege.)

## 60. Quarkpudding II.

¹/₂ Kilogramm Quark, 150 Gramm geriebene Semmel, 100 Gramm Butter, 8 Eier, wenig Salz.

Man rührt die Butter schaumig, gibt unter tüchtigem Umrühren wechselweise 1 Eigelb, 1 Eßlöffel Semmel daran.

Darauf rührt man den durch ein Haarsieb geschlagenen Quark darunter und gibt zuletzt das geschlagene Eiweiß, sowie etwas Salz unter die Masse. Diese wird in eine mit Butter bestrichene und mit geriebener Semmel bestreute Puddingform gefüllt und ³/₄ Stunde im Wasserbad gekocht.

(Hygien. Kochbuch von Elise Starker nach Dr. Lahmann.)

### 61. Saurer Rahmpudding.

¹/₂ Liter saurer Rahm, ¹/₄ Kilogramm geriebene Semmel, 10 Eier, 125 Gramm Butter, Schnittlauch, Salz.

Die Butter wird erweicht und mit dem Rahm ¹/₄ Stunde gerührt, dann gibt man nach und nach die Eigelb und Semmel, zuletzt den Eierschnee unter die Masse. Beendigung des Puddings wie Quark-Pudding II.

(Hygien. Kochbuch von Elise Starker nach Dr. Lahmann.)

# Klöße.

## A. Klöße von süßer Milch.

### 62. Einfache Klöße.

³/₄ Liter Milch, 3 Eier, Weizenmehl, Salz.

In der Milch werden die ganzen Eier mit etwas Salz und soviel Weizenmehl verrührt, daß die Masse am Löffel hängen bleibt. Dann sticht man mit einem Löffel die Klöße ab und kocht sie rasch. (Vegetar. Kochbuch von Eduard Baltzer.)

### 63. Schwemmklöße.

¹/₂ Liter Milch, 60 Gramm Weizenmehl, 125 Gramm Butter, 4 Eier, Salz, Muskatnuß.

Milch und Butter wird zum Kochen gebracht, das Mehl trocken unter Umrühren hinein geschüttet, dann unter fortgesetztem Rühren gekocht, bis sich die Masse von der Kasserolle ablöst. Etwas abgekühlt, schlägt man die Eier einzeln darunter. Die Klöße werden mit einem Löffel abgestochen und 10 Minuten gekocht.

### 64. Grießklöße.

1 Liter Milch, 250 Gramm Grieß, 2 Eier, 1 Stich Butter, Salz.

Zubereitung wie Schwemmklöße.

### 65. Grützklöße.

1 Liter Milch, 375 Gramm Buchweizengrütze, 80 Gramm Butter, 8 Eier, einige geriebene süße Mandeln, Zucker.

Man läßt die Grütze mit der Milch recht steif aus-
quellen, verrühre Butter, die Eigelb, Mandeln und Zucker
damit, schlägt das Eiweiß zu Schnee und tut es hinzu.
Dann sticht man mit einem Löffel Klöße ab und kocht sie
in Wasser.

## B. Klöße von Quark.

### 66. Quark- oder Käseklöße.

1 Suppenteller fest ausgepreßter Quark (weißer Käse),
125 Gramm feiner Weizengrieß, 3 Eier, etwas abgeriebene
Zitronenschale, gestoßene Muskatblüte, Zucker, Salz, etwas
Milch.

Man quillt den Weizengrieß in Milch aus, fügt Zucker,
Salz und Gewürze nach Geschmack zu, läßt den Grieß erkalten, rührt die 3 ganzen Eier und den Quark darunter.
Ist alles gut unter einander verrührt, so sticht man mit
einem in siedendes Wasser getauchten Löffel kleine Klößchen
aus und läßt diese in stark wallendem Wasser aufkochen.
Mit dem Schaumlöffel nimmt man die Klöße, sobald sie gar
sind, aus dem Wasser und bringt sie in einer Schüssel, locker
auf einander gelegt, zu Tisch. Sie werden mit brauner
Butter und geschmortem Obst oder mit Zucker und Zimt
gegessen.                           (Blätter für Volksgesundheitspflege.)

### 67. Quarkklöße mit Kartoffeln.

1 Suppenteller Quark, 1 Suppenteller Kartoffeln, 2 Eier,
125 Gramm Mehl, Salz.

Die Kartoffeln kocht man den Tag vorher, schält und
reibt sie dann; den Quark reibt man durch ein Haarsieb und
vermischt ihn mit den Kartoffeln. Dann gibt man Eier
und Mehl, wenig Salz daran, rührt den Teig tüchtig durch
und formt Klöße daraus, die man in Salzwasser abkocht.

(Hygien. Kochbuch von Elise Starke nach Dr. Lahmann.)

## 68. Molkenquarkknödel.

1 Kilogramm Quark, 6 Semmeln, 100 Gramm Butter,
5 Eier, etwas Salz, Quarkmolke.

4 Semmeln werden zerrieben, 2 in Quarkmolke eingeweicht,
die Butter schaumig gerührt und alle Semmeln hineingetan.
Dann verrührt man die Masse gut, fügt Salz, Eier und den
durch ein Haarsieb gedrückten Quark hinzu. Man läßt den
Teig eine Weile ruhen, formt dann Klöße daraus und läßt
diese in Salzwasser, dem etwas Quarkmolke zugesetzt wurde,
6—8 Minuten zugedeckt kochen. Beim Anrichten übergießt
man die Klöße mit Butter und darin gebräunter geriebener
Semmel. (Hygien. Kochbuch von Elise Starke nach Dr. Lahmann.)

## 69. Quarknockerln.

1/2 Kilogramm Quark, 200 Gramm Reismehl, 1 Ei,
1/8 Liter Quarkmolke, wenig Salz und Kümmelextrakt, Butter.

Man schlägt den Quark durch ein Haarsieb, verrührt
ihn mit Ei, Quarkmolke und Gewürz und gibt dann das
Reismehl darunter. Hierauf sticht man mit dem Löffel
kleine Klöße (Nockerln) ab und backt diese in Butter auf
beiden Seiten schön hellgelb.

(Hygien. Kochbuch von Elise Starke nach Dr. Lahmann.)

# Gemüse und andere Zuspeisen.

## 70. Grüner Salat mit saurem Rahm.

Saurer Rahm wird mit etwas Zitronensaft, Zucker, ein wenig Butter und Salz in einer Salatschüssel zusammengerührt, und der gut gewaschene Kopf-, Endivien- oder anderer Salat darauf gelegt. Erst bei Tisch mischt man den Salat mit dem Rahm. Grüner Salat kann auch mit Schlagrahm, etwas Zitronenschale und Zucker zubereitet werden.

## 71. Rahm- oder Milchsauce.

zu Blumenkohl, Spargel, Kohlrabi, Schwarz- wurzeln, Schnittbohnen, Weiß- und Savoyerkohl.

½ Liter süßer Rahm oder Milch, 40 Gramm Mehl, 1 Eigelb, 1 guter Stich Butter, etwas Zitronensaft, Salz.

Man schwitzt die Butter mit dem Mehl, tut den Rahm oder die Milch nach und nach hinzu, daß die Sauce dicklich wird, schmeckt mit ein wenig Salz und Zitronensaft ab und rührt zuletzt ein Eigelb an die Sauce. Das gekochte Ge- müse wird in der Sauce einmal aufgestobt. Den Blumen- kohl übergießt man nur mit der Sauce. Man kann statt süßem Rahm oder Milch auch sauren Rahm nehmen.

## 72. Schneidebohnen mit Milch.

Die abgefädelten und zerschnittenen Bohnen werden, nachdem sie in kochendem Wasser einmal aufgewallt, zum Abtropfen auf ein Sieb geschüttet. Hierauf läßt man gute Milch aufkochen und läßt die Bohnen darin mit etwas Butter und einigen Scharlotten gar kochen. Kurz vor dem Anrichten zieht man sie noch mit einigen Eigelb ab und salzt nach Ge- schmack. (Vegetar. Kochbuch von Eduard Baltzer.)

### 73. Schwarzwurzeln mit Milch.

Die Wurzeln werden gereinigt, zerschnitten, in kalte Milch geworfen, damit sie die helle Farbe behalten, dann in siedender Milch gar gekocht. Kurz vor dem Anrichten gibt man Salz und wenig Butter daran und macht sie mit etwas Kartoffelmehl sämig. (Vegetar. Kochbuch von Eduard Baltzer.)

## 74. Maccaroni mit Rahm.

¼ Liter süßer Rahm, 125 Gramm beste Maccaroni, 1—2 Löffel Parmesankäse, Butter, Salz.

Man läßt die Maccaroni langsam in gut gesalzenem Wasser gar kochen. Danach gibt man sie auf ein Sieb zum Ablaufen. Nun läßt man den Rahm mit einem Stückchen Butter aufkochen, gibt die Maccaroni hinein, tut noch etwas Salz dazu und rührt die Maccaroni solange, bis der Rahm etwas gebunden ist. Den Parmesankäse kann man darunter mischen oder beim Anrichten darüber streuen.

(Kochbuch für Kranke von Dr. O. Dornblüth.)

## 75. Maccaroni mit Milch.

2 Liter Milch, 200 Gramm Maccaroni, 30 Gramm Zucker, 2 Eigelb, Salz.

Man nimmt dazu die dünnsten Maccaroni, kocht diese in der Milch gar, gibt Zucker und wenig Salz daran und zieht die Brühe kurz vor dem Anrichten mit den Eigelb ab.

(Hygien. Kochbuch von Elise Starker nach Dr. Lahmann.)

## 76. Nudeln mit Milch.

1¼ Liter Milch, 125 Gramm feine Nudeln, 50 Gramm Butter, 40 Gramm Zucker.

Man bringt 1 Liter Milch zum Kochen, gibt die Nudeln mit Butter und Zucker hinein und läßt sie langsam kochen, bis sie weich sind, nimmt sie dann vom Feuer, gießt die übrige Milch heiß darüber, rührt sie leicht und richtet sie an. (Hygien. Kochbuch von Elise Starker nach Dr. Lahmann.)

### 77. Kartoffeln mit Milch.

½ Liter Milch, 1 Teller Kartoffeln, 50 Gramm Butter, 1 Eßlöffel Mehl.

Man kocht gewöhnliche Salzkartoffeln, macht eine weiße Mehlschwitze, verrührt sie mit der Milch und gibt diese über die Kartoffeln.

(Hygien. Kochbuch von Elise Starker nach Dr. Lahmann.)

### 78. Kartoffeln mit saurem Rahm.

¼ Liter saurer Rahm, 1 Teller Kartoffeln, 2 Eier, 1 Eßlöffel Schnittlauch, 50 Gramm Butter, Salz.

Man schält die gekochten Kartoffeln, schneidet sie in Würfel und gibt sie in eine emaillierte Pfanne, in der man vorher die Butter zergehen ließ. Nun salzt man die Kartoffeln ein wenig und schmort sie, läßt sie aber nicht braun werden. Nachdem zerquirlt man die Eier mit dem sauren Rahm, gibt den feingeschnittenen Schnittlauch dazu und gießt alles über die Kartoffeln, die man öfter umwendet, bis der Rahmguß fest geworden ist.

(Hygien. Kochbuch von Elise Starker nach Dr. Lahmann.)

### 79. Kartoffeln mit süßem Rahm.

¼ Liter dicker süßer Rahm, 1 Teller Kartoffeln, der Saft einer halben Zitrone, 1 Stich Butter, Salz, Pfeffer, geriebene Muskatnuß.

Die mit der Schale gekochten Kartoffeln schält man, schneidet sie in Scheiben und schüttet sie in eine Kasserolle, in der man ein Stück Butter hat zergehen lassen. Dazu fügt man Salz, Pfeffer, geriebene Muskatnuß, den Zitronensaft und den Rahm und läßt alles gut heiß werden, indem die Kasserolle 12—15 Minuten tüchtig über dem Feuer geschüttelt wird.

### 80. Kartoffeln mit Quark.

¾ Kilogramm Quark (weißer Käse), 1 Liter Milch, 2 Kilogramm Kartoffeln, 70 Gramm Mehl, 60 Gramm

Fett (auch Gänseschmalz oder 75 Gramm Speck), 4 Eßlöffel Zwiebelwürfel, 30 Gramm Salz, 1 Prise Pfeffer.

Die gewaschenen Kartoffeln werden auf hellem Feuer in vielem Wasser gar gekocht, abgegossen und abgedämpft, ausgeschüttet, und während man sie abzieht und in Scheiben schneidet, wird die Sauce in dem gesäuberten Topf bereitet. Der Käse wird mit der Milch langsam glatt verrührt. In dem Kochtopf schmort man das Fett mit den Zwiebelwürfeln, bis diese weich, aber nicht braun sind; das Mehl schüttet man hinzu und rührt es gar, bis es kleine Blasen wirft. Dann gießt man unter Rühren die Käsemilch zu, salzt die Sauce und läßt sie, zuweilen umrührend, dick kochen, gibt die Kartoffelscheiben hinein, läßt aufkochen und richtet an.

(Blätter für Volksgesundheitspflege.)

## 81. Kartoffelmus.

¹/₂ Liter Milch, 2 Teller Kartoffeln, 50 Gramm Butter, Salz.

Man schält die rohen Kartoffeln, kocht sie in wenig Wasser weich, schlägt sie durch ein feines Sieb heiß in einen Kochtopf, in dem man die Butter hat zergehen lassen, und rührt tüchtig um. Darauf gießt man die kochende Milch unter fortwährendem Rühren auf die Kartoffeln, nimmt sie vom Feuer und rührt das Mus, bis es schaumig aussieht.

## 82. Kastanienmus.

2 Liter Milch, ¹/₂ Kilogramm Kastanien, 1 Päckchen Vanillin, 2 Eigelb, Zucker.

Man schält die Kastanien und kocht sie in 1¹/₂ Liter Milch weich, schlägt sie durch ein Haarsieb, setzt das Mus mit Zucker, Vanillin und der übrigen Milch aufs Feuer und läßt das Ganze noch ¹/₄ Stunde kochen. Vor dem Anrichten rührt man die Eigelb dazwischen.

(Hygien. Kochbuch von Elise Starker nach Dr. Lahmann.)

## 83. Schlagrahm mit Meerrettich.

¹/₄ Liter Schlagrahm, 2—3 Eßlöffel geriebener Meerrettich oder die Hälfte Meerrettich und Apfelschnitzel.

Der Schlagrahm wird geschlagen und der Meerrettich darunter gerührt. Man gibt ihn als Sauce, auch gefroren, zu Karpfen.

## 84. Prinzeßkartoffeln.

³/₄ Liter Milch, 2 Teller Kartoffeln, 200 Gramm Schweizerkäse, 3 Eier, 60 Gramm Butter, Salz.

Man schneidet die gekochten Kartoffeln warm in Scheiben, legt diese abwechselnd mit dem geriebenen Käse und Butter in eine mit Butter gut ausgestrichene Auflaufform; obenauf müssen Kartoffeln und Butterstückchen liegen. Nun quirlt man die Eier mit der Milch, gibt Salz zu und gießt die Flüssigkeit über die Kartoffeln. Das Ganze bäckt man 1 Stunde im Bratofen.
(Hygien. Kochbuch von Elise Starker nach Dr. Lahmann.)

## 85. Spargelpudding.

1 Liter Milch, ¹/₂ Kilogramm Spargel, 5 Eßlöffel Mehl, 6 Eier, 70 Gramm Butter, Salz.

Man schneidet den gewaschenen und geschälten Spargel in halbfingerlange Stücke. Dann verrührt man die zerlassene Butter mit den anderen Zutaten, gibt die rohen Spargelstücke darunter und füllt die Masse in eine bestrichene, mit geriebener Semmel bestreute Puddingform. Dieser Pudding muß 2 Stunden kochen und wird mit zerlassener Butter zu Tisch gegeben. (Hygien. Kochbuch von Elise Starker nach Dr. Lahmann.)

## 86. Gemüse-Eierkuchen.

1 Liter Milch, 200 Gramm Mehl, 7 Eier, Salz, ¹/₂ Teller übrig gebliebenes gekochtes Gemüse (grüne Erbsen, Blumenkohl, Spinat ꝛc.), Butter.

Man bringt die Milch zum Kochen, rührt schnell das Mehl hinein und kocht den Teig solange, bis er sich von der Kasserolle löst. Nun nimmt man ihn vom Feuer, gibt die Eier darunter und dann das fein gewiegte Gemüse. Von letzterem rechnet man 2 Löffel auf 1 Löffel Teig. Nachdem alles gut unter einander gemengt ist, bäckt man davon kleine Kuchen in heißer Butter.
(Hygien. Kochbuch von Elise Starker nach Dr. Lahmann.)

# Butter und Käse.

## 87. A. Butter.

Jede Hausfrau kann sich ohne große Mühe Butter in kleinen Portionen mit der in jedem Haushaltungsgeschäft käuflichen Glas-Buttermaschine selbst bereiten.

Man säuert dicken Rahm gut an, temperiert ihn in dem Butterglas durch Hineinstellen in kaltes Wasser, im Sommer auf 13—15° Celsius, im Winter auf 15—17° Celsius, und quirlt ihn dann ununterbrochen solange, bis sich die Butter iu einen dicken Klumpen zusammenballt, worauf man sie herausnimmt, mit kaltem Wasser auswäscht, bis keine milchige Flüssigkeit mehr herausquillt. Dann bestreut man sie mit feinem Salz und knetet sie mit in kaltem Wasser gut ausgespültem Holzlöffel vorsichtig durch.

## B. Käse.

### 88. Quark (weißer Käse).

5 Liter magere, saure, dicke Milch, 1 Liter heißes Wasser.

Die dicke Milch wird mit dem heißen Wasser gebrüht (ein in die Mischung gehaltenes Thermometer muß 35° C. zeigen, denn durch zu heiße Behandlung wird der Quark hart und bröckelig). Nachdem Wasser und Milch gehörig gemischt sind, scheidet sich der Käse ab, den man auf ein mit einem nassen Tuche belegtes Sieb legt, etwas beschwert und abtropfen läßt. (Das ABC der Küche von H. Heyl.)

Quark entsteht auch bei der Zubereitung der verschiedenen Molken (siehe unter Getränke).

### 89. Weißer Käse mit Rahm und Kümmel.

½ Kilogramm Quark, ⅛ Liter dicker, süßer Rahm, 3 Gramm Kümmelsamen, 5 Gramm Salz.

Man wäscht den Kümmel und quirlt ihn in warmem Wasser etwas aus. Ein kleines Sieb wird mit einer Scheibe Quark belegt, 2 Eßlöffel Rahm werden darüber gefüllt, Kümmel und Salz darauf gestreut; dann kommt wieder eine Schicht Quark und so fort, bis dieser verbraucht ist. Dann beschwert man den Käse etwas und stürzt ihn nach 2 bis 3 Stunden um. (Das ABC der Küche von H. Heyl.)

### 90. Weißer Reibekäse.

¼ Kilogramm Quark, 4 Eßlöffel süßer Rahm oder süße Milch, 1 Gramm Kümmelsamen, 5 Gramm Salz.

Der Quark wird durch ein Haarsieb gerieben, mit Rahm oder Milch 5 Minuten geschlagen, mit Salz und ausgequollenem Kümmel vermischt und zum Brot gereicht. (Das ABC der Küche von H. Heyl.)

### 91. Rahmkäse.

½ Liter dicker, saurer Rahm, frische Nesseln oder Weinblätter, 60 Gramm Salz.

Man gießt auf 2 Gefäße, die mit einem in Salzwasser ausgewaschenen Tuche bedeckt sind, je ¼ Liter Rahm. Nach 12 Stunden belegt man 1 Schüssel mit einem reinen, in mit 5 Gramm Salz versetzten Wasser ausgewaschenen Tuch, legt beide Käse aufeinander hinein und bedeckt sie mit einem Teller. Man wiederholt das Umlegen in ein sauber in Salzwasser ausgewaschenes Tuch täglich, bis der Käse oben trocknet. Dann belegt man ihn unten mit gewaschenen Brennnesseln oder Weinblättern. In 12 Tagen ist der Käse eßbar. (Das ABC der Küche von H. Heyl.)

# Warme Nachspeisen.

## A. Aufläufe und Mehlspeisen.

### 92. Rahmauflauf I.

½ Liter Rahm, 8 Gramm Mehl, 15 Gramm Zucker, 5 Eier, Vanille.

Man verrühre erst die Eigelb mit dem Zucker eine ½ Stunde, tue Mehl dazu, dann Rahm und Vanille nach Geschmack und rühre zuletzt den steifen Schnee dazu. Die Masse wird ½ Stunde in einer Auflaufform im Bratofen gebacken.

### 93. Rahmauflauf II.

¾ Liter Rahm, 150 Gramm Mehl, 120 Gramm Zucker, 180 Gramm Butter, 12 Eigelb, Eiweiß von 6 Eiern, für 4 Pfg. Orangenwasser.

Der Rahm wird mit dem Zucker aufgekocht, dann rührt man das Mehl mit dem Orangenwasser an, tut das Ganze in den kochenden Rahm, rührt es, bis es dick wird und sich etwas ansetzt, nehme es vom Feuer und rühre die kalte Butter hinein. Wenn der Teig abgekühlt ist, rühre man die Eigelb und das zu Schnee geschlagene Eiweiß dazu und backe das Ganze 1 Stunde langsam in einer Auflaufform.

### 94. Rahmauflauf III.

1 Liter süßer Rahm, ½ Liter saurer Rahm, 200 Gramm feinstes Weizenmehl, 10 Eigelb, 200 Gramm Zucker, Vanille.

Man setzt ¾ Liter süßen Rahm mit der Vanille zum Kochen auf, rührt indessen das Weizenmehl in den Rest des kalten, süßen Rahms, mischt dieses unter fortwährendem

Rühren zu dem kochenden Rahm. Das Ganze wird, nachdem es zu steifem Brei gekocht ist, zum Abkühlen in eine Schüssel getan. Während die Masse abkühlt, schlägt man die Eigelb mit dem Zucker und dem sauren Rahm zu Schaum, mischt dieses mit der abgekühlten Masse, gibt schnell den steifgeschlagenen Eierschnee dazu, füllt sie in eine mit Butter ausgestrichene Auflaufform und backt sie bei gelinder Hitze ³/₄ Stunde.

### 95. Auflauf von saurem Rahm.

¹/₂ Liter dicker, saurer Rahm, 40 Gramm feinstes Mehl, 6 Eier, 80 Gramm feiner Zucker, etwas Vanille, Wein und Arrak.

Indem man den Rahm schaumig schlägt, tut man die Eigelb, das Mehl, den Zucker und die Vanille und zuletzt den steifen Eiweißschaum dazu. Wenn der Auflauf, nachdem er schön hellgelb gebacken ist, aus dem Ofen kommt, tröpfelt man etwas mit Zucker vermischten Wein und Arrak darüber, oder man schlägt einige Löffel süßen Rahm mit Zucker und einem Löffel Arrak schaumig und gibt dies als Sauce.

(Kochbuch für Kranke von Dr. O. Dornblüth.)

### 96. Auflauf von Buttermilch.

1 Liter frische Buttermilch, 3—4 Eier, 75 Gramm Mehl, 3—4 geriebene bittere Mandeln, Zimt.

Die Buttermilch wird nach und nach mit den Eiern, dem Mehl und Gewürz verquirlt. Die Masse wird in eine mit Butter ausgestrichene und mit geriebener Semmel bestreute Form gefüllt und 35—40 Minuten in einem heißen Ofen gebacken. Eingemachte Preißelbeeren schmecken vorzüglich dazu.

### 97. Reisauflauf.

³/₄ Liter Milch, 125 Gramm guter Reis, 125 Gramm Zucker, 6 Eier, 60 Gramm Butter, Zitronenschale oder Vanille.

Man kocht den Reis in der Milch mit dem Gewürz halb gar; dann rührt man die Butter, den Zucker und die

6 Eigelb recht schaumig und gibt den abgekühlten Reis dazu, zuletzt den Schnee der Eier. Man backt den Auflauf bei ziemlich starker Hitze ½ Stunde.

## 98. Florentiner Auflauf.

½ Kilogramm Quark, ¼ Liter süßer Rahm, 50 Gramm Mehl, 125 Gramm Zucker, 100 Gramm Sultaninrosinen, 10 Eier, 50 Gramm Zitronat.

Man schlägt den Quark durch ein Haarsieb, rührt Rahm, Mehl, Zucker, Rosinen und Eigelb darunter und zieht zuletzt den Schnee der 10 Eiweiß leicht durch die Masse. Hierauf füllt man diese in eine mit Butter bestrichene Auflaufform von Porzellan und backt sie ¾ Stunde im Ofen.

(Hygien. Kochbuch von Elise Starker nach Dr. Lahmann.)

## 99. Reisauflauf mit Schokolade.

1 Liter Milch, 200 Gramm Reis, 50 Gramm Butter, 50 Gramm Mandeln, 125 Gramm Zucker, 6 Eier, 180 Gramm Schokolade.

Man kocht den Reis mit der Milch und Butter ganz weich und stellt ihn zum Erkalten. Inzwischen zieht man Mandeln ab, wiegt sie, gibt Zucker, Reis und die Eigelb, zuletzt den Eierschnee darunter und füllt ein Drittel von der Masse in eine gut bestrichene Auflaufform. Darauf streut man die Hälfte der geriebenen Schokolade darüber und füllt sorgfältig das zweite Drittel Reis darauf, bestreut dieses mit dem Rest der Schokolade und gibt zum Schluß Reis obenauf. Der Auflauf wird in mittelheißem Ofen ¾ Stunde gebacken.

(Hygien. Kochbuch von Elise Starker nach Dr. Lahmann.)

## 100. Grießauflauf.

1½ Liter Milch, 250 Gramm Grieß, 100 Gramm Butter, 100 Gramm Zucker, 10 Eier.

Man stellt die Milch aufs Feuer und rührt, wenn sie kocht, den Grieß schnell hinein. Unter beständigem Rühren läßt man ihn kochen, bis der Teig sich von dem Topfe löst, und stellt ihn danach zum Erkalten. Man rührt die Butter schaumig, gibt Zucker, Eigelb und den Grießbrei, zuletzt den

Eierschnee hinein. Die Masse wird in eine gut bestrichene
Auflaufform getan und ³/₄ Stunde im Ofen gebacken.
(Hygien. Kochbuch von Elise Starker nach Dr. Lahmann.)

### 101. Auflauf von Zwieback und Apfelmus.

¹/₂ Liter süßer Rahm, 10 Zwiebäcke, feines, mit Wein
gekochtes Apfelmus, 2 Eier, 20 Gramm Zucker.

Der Rahm wird mit den ganzen Eiern und dem Zucker
tüchtig verrührt und hiernach über die Zwiebäcke gegossen.
Wenn diese gut durchtränkt sind, legt man die Hälfte davon
in eine Auflaufform, so daß der Boden vollständig ausgelegt
ist. Auf diese Lage Zwieback streicht man eine fingerdicke
Lage Apfelmus, bedeckt dies mit dem Rest der eingeweichten
Zwiebäcke, gießt hierüber noch einige Löffel von dem vorher
verrührten Rahm und backt den Auflauf schön hellgelb bei
mäßiger Hitze. (Kochbuch für Kranke von Dr. O. Dornblüth.)

### 102. Schweizer Plattenmilch.

¹/₂ Liter Milch, 90 Gramm Mehl, 4 Eier, Zucker, Zimt.

In der Milch werden die Eier mit dem Mehl, Zucker
und Zimt tüchtig gequirlt. Dann gießt man die Masse in
eine mit Butter bestrichene Auflaufform und backt sie in
mäßig warmem Ofen.

### 103. Ofenschlupfer.

1¹/₂ Liter Milch, 12 Zwiebacksemmeln, 125 Gramm
große Rosinen, 125 Gramm Mandeln, 8 Eier, 100 Gramm
Zucker, 60 Gramm Butter.

Man schneidet die Zwiebacksemmeln in Scheiben und
legt sie in eine bestrichene Auflaufform, indem man die Rosinen dazwischen streut. Dann zerquirlt man die Eier mit
Milch, Zucker und grob gewiegten Mandeln und gießt sie
über die Semmeln. Obenauf legt man die Butter in kleinen
Stücken und backt die Speise ³/₄ Stunde in guter Hitze.
(Hygien. Kochbuch von Elise Starker nach Dr. Lahmann.)

### 104. Apfelreisauflauf.

2 Liter Milch, 250 Gramm Reis, 1 Kilogramm Äpfel,
5 Eier, 60 Gramm Zucker und Zimt, 60 Gramm Butter.

Der mit der Milch und Butter weich gekochte Reis wird mit den Eiern durchgerührt. Die in Scheiben geschnittenen, geschälten Äpfel vermischt man mit Zucker und Zimt. Hierauf gibt man Reis und Äpfel lagenweise in eine gut bestrichene Auflaufform, so daß obenauf Reis zu liegen kommt. Diesen besprengt man mit zerlassener Butter und backt den Apfelreis $^3/_4$ Stunde im Ofen.

(Hygien. Kochbuch von Elise Starker nach Dr. Lahmann.)

## 105. Auflauf von Bies- oder Beesmilch.

Die Beesmilch (die von der Kuh gleich nach dem Kalben zuerst gewonnene Milch) wird durch Kochen eingedickt, in eine Backschüssel getan, dick mit Zimt und Zucker überstreut und dann in einem gelinde erwärmten Backofen kurze Zeit gebacken, bis sich oben eine feste, bräunliche Haut setzt.

Ein sehr altes Landgericht, welches in nördlichen Ländern noch sehr viel gegessen wird, in Deutschland heute aber nur wenig mehr bekannt ist.

## 106. Saurer Rahmstrudel.

Strudelteig: 250 Gramm Mehl, 2 Eier, 40 Gramm Butter, Wasser.

Fülle: $^3/_4$ Liter saurer Rahm, 20 Gramm Mehl, 60 Gramm Butter, 9 Eier, Salz.

Man macht auf dem Backbrett einen festen Teig von Mehl, Eiern, Butter und Wasser und knetet denselben gut durch. Dann deckt man den Teig mit einem erwärmten Tontopfe zu und läßt ihn $^1/_2$ Stunde ruhen. Dann rührt man die Butter schaumig, gibt Eigelb, Mehl und Rahm darunter, zuletzt den steif geschlagenen Eierschnee und Salz. Von dieser Fülle breitet man je 2 Eßlöffel voll auf runde Plättchen, die man in der Größe eines Tellers von dem Strudelteig ausgerollt hat, rollt diese auf und legt sie neben einander in eine gut bestrichene Auflaufform. Die übrig gebliebene Fülle gießt man darüber und läßt den Strudel im Backofen backen.

(Hygien. Kochbuch von Elise Starker nach Dr. Lahmann.)

## 107. Reisstrudel.

Strudelteig: 250 Gramm Mehl, 2 Eier, 40 Gramm Butter, Wasser.

Fülle: 1 1/2 Liter Milch, 250 Gramm Reis, 100 Gramm Butter, 8 Eier, Salz.

Man bereitet den Strudelteig wie beim sauren Rahmstrudel angegeben. Inzwischen hat man den Reis in der Milch weich gekocht und kalt gestellt. Nun rührt man die Butter schaumig, gibt Reis und Eigelb, sowie etwas Salz dazu, zuletzt zieht man den Schnee der 8 Eiweiß leicht durch die Masse und breitet von dieser je 2 Eßlöffel voll auf die aus dem Strudelteich bereiteten Plättchen. Das weitere wie beim sauren Rahmstrudel.

(Hygien. Kochbuch von Elise Starker nach Dr. Lahmann.)

## 108. Quarkstrudel.

Strudelteig: 250 Gramm Mehl, 2 Eier, 40 Gramm Butter, Wasser.

Fülle: 1/2 Kilogramm Quark, 3 Eier, 60 Gramm Butter, 60 Gramm kleine Rosinen, 60 Gramm Zucker.

Zubereitung des Strudelteigs wie beim sauren Rahmstrudel. Dann breitet man ein Tischtuch über den Tisch, streut Mehl darüber und zieht den Teig darauf ganz dünn aus. Nun spritzt man zerlassene Butter darüber. Zur Fülle schlägt man den Quark durch ein Haarsieb, rührt die anderen Zutaten darunter, streut das Ganze über den Strudelteich und rollt den Strudel auf, indem man das Tuch auf der einen Seite hochhebt. Man legt den Strudel auf ein bestrichenes Blech, bestreicht ihn mit Butter und Eigelb und backt ihn langsam im Ofen.

(Hygien. Kochbuch von Elise Starker nach Dr. Lahmann.)

# B. Puddings.

## 109. Grießpudding.

1/2 Liter Milch, 150 Gramm Grieß, 150 Gramm Butter, 10 Eier, 150 Gramm Zucker, geriebene Zitronenschale.

Die Milch wird mit dem Grieß, der Butter und der Zitronenschale auf dem Feuer unter Rühren gekocht, bis sich die Masse vom Topfe löst. Dann verrührt man die Eigelb mit dem Zucker und mischt sie mit dem abgekühlten Grießteig. Nachdem man zuletzt den Eierschnee dazugerührt hat, fülle man das Ganze in eine mit Butter bestrichene und mit geriebener Semmel bestreute Puddingform und läßt es 1½ Stunden im Wasserbad kochen.

## 110. Schwammpudding.

½ Liter Milch, 150 Gramm Weizenmehl, 125 Gramm Butter, 9 Eier, 125 Gramm Zucker, 6 Stück bittere Mandeln, auf Zucker verriebene Zitronenschale.

Butter, Mehl und Milch werden auf dem Feuer zu einer festen Masse verrührt, bis sich dieselbe vom Topfe ablöst. Dann läßt man sie erkalten. Inzwischen rührt man die 9 Eigelb mit dem Zucker schaumig, gibt den Zitronenzucker und die feingehackten bitteren Mandeln dazu und verrührt dieses nach und nach mit der abgekühlten Masse. Ist alles glatt gerührt, gibt man den steifen Schnee der 9 Eier darunter und beendet den Pudding wie Grießpudding. Kochzeit 2 Stunden.

## 111. Schwarzer Landpudding.

1 Liter Milch, 6 Semmeln, 60 Gramm Butter, 100 Gramm Pumpernickel, 6 bittere Mandeln, 2 Eier, 100 Gramm Zucker, Zimt, Backpflaumen.

Man schneidet die Semmeln in dicke Scheiben, vermischt die Butter mit dem geriebenen Pumpernickel und den geriebenen Mandeln und bestreicht damit die Semmelscheiben. Diese werden in Würfel geschnitten, über die die Milch, mit Zucker und Zimt verrührt, gegossen wird. Nachdem die Würfel in einer Stunde weich geworden, gibt man die geschlagenen Eier darüber und füllt die Masse lagenweise mit ausgesteinten, weich gekochten Backpflaumen in eine gut bestrichene, mit geriebener Semmel bestreute Puddingform. Der Pudding wird 1 Stunde im Wasserbad gekocht.

(Hygien. Kochbuch von Elise Starker nach Dr. Lahmann.)

4*

## 112. Ingwerpudding.

1½ Liter Milch, 3 abgeriebene und in Würfel geschnittene Semmeln, 180 Gramm Butter, 180 Gramm Zucker,
10 Eier, 125 Gramm überzuckerter Ingwer, in kleine
Würfel geschnitten.

Milch, Butter, Zucker und Semmel werden zu fester
Masse gekocht. Nach dem Erkalten tut man die Eigelb
(einzeln) und den Ingwer dazu, mengt den Eierschnee darunter
und kocht den Pudding in einer mit Butter bestrichenen und
mit Semmel ausgestreuten Puddingform 2 Stunden im
Wasserbad.

## 113. Pudding von Fadennudeln.

¼ Liter Milch, 3 Eßlöffel Schlagrahm, 1 Löffel feines
Mehl, 1 Löffel Zucker, 3 Eier, Zitronenschale, Faden-Nudeln.

Man gibt in die Milch den Zucker und die Zitronenschale und kocht hiermit soviel beste Faden-Nudeln, bis die
Masse ganz steif ist, dann rührt man 2—3 Eßlöffel dicken
Schlagrahm darunter und läßt erkalten. Darauf rührt man
das Mehl und die Eigelb hinein und gibt zuletzt den steif
geschlagenen Eierschnee darunter. Der Pudding wird
1—1¼ Stunde im Wasserbad gekocht.

(Kochbuch für Kranke von Dr. O. Dornblüth.)

# C. In der Pfanne Gebackenes.

## 114. Arme Ritter.

¾ Liter Milch, 60 Gramm Mehl, 2 Eier, 30 Zwiebäcke,
Zucker.

Die Zwiebäcke werden in der mit Mehl und Eiern
verrührten Milch eingeweicht. Darauf backt man sie in
Butter in der Pfanne auf beiden Seiten schön braun und
bestreut sie vor dem Servieren mit Zucker.

## 115. Eierkuchen.

1½ Liter Milch, 125 Gramm Mehl, 8 Eier, Butter, Salz.

Man verrührt das Mehl mit den Eiern und gießt die
Milch langsam unter Rühren hinzu, salzt den Teig und

läßt ihn 1 Stunde ruhig stehen. Dann backt man Kuchen in Butter in der Pfanne auf beiden Seiten schön braun und gibt sie möglichst heiß zu Tisch.

(Hygien. Kochbuch von Elise Starker nach Dr. Lahmann).

## 116. Gebackene Grießklöße.

1 Liter Milch, 250 Gramm Grieß, 4 Eier, 50 Gramm Butter, 100 Gramm kleine Rosinen, 50 Gramm Zucker.

Man läßt die Milch mit der Butter zum Kochen kommen, rührt dann den Grieß schnell hinein, gibt Zucker und Rosinen dazu und kocht den Brei unter fortwährendem Rühren, bis er sich von dem Topfe löst. Nun setzt man ihn beiseite, rührt die Eier daran und formt flache, runde Klöße, die man in Butter auf beiden Seiten hellbraun backt.

(Hygien. Kochbuch von Elise Starker nach Dr. Lahmann.)

## 117. Reisschmarrn.

3/4 Liter Milch, 125 Gramm Reis, 3 Eier, 70 Gramm Sultaninrosinen, Zucker, Zimt, Salz.

Der in kochendem Wasser blanchierte Reis wird in der Milch mit etwas Salz weich gekocht. Nachdem er abgekühlt ist, verrührt man ihn mit den 3 Eigelb, Zucker (nach Geschmack), den Rosinen und zuletzt mit dem steif geschlagenen Eierschnee und backt die Masse wie einen Eierkuchen in Butter auf beiden Seiten schön braun. Man serviert ihn mit Zucker und Zimt bestreut.

## 118. Plinsen.

1 Liter Milch, etwas saurer Rahm, 1/2 Tasse zerlassene Butter, 4—5 Eier, für 5 Pfennig Hefe, Zucker, Muskatnuß, Salz, Mehl.

Nachdem man die Milch und etwas sauren Rahm mit der Butter, den Eiern, Salz, Muskatnuß und Zucker, sowie etwas Mehl zu einem sämigen Teig zusammengequirlt hat, fügt man die Hefe dazu und stellt den Teig an einen warmen Ort zum Aufgehen. Dann werden auf einer Plinsenplatte dünne Kuchen gebacken, die man mit Zucker und Zimt be-

ſtreut oder mit Konfitüren beſtreicht, zuſammenrollt und darauf
ſerviert.

## 119. Gebackene Pfanne mit Obſt.

2 Liter Milch, für 20 Pfennig Semmeln, einige geſchälte
und fein geſchnittene Äpfel, 5 Eier, 4 Löffel Zucker, etwas
Butter.

Die Semmel werden in 1½ Liter Milch geweicht, die
Eigelb in dem Reſt Milch gequirlt. In letztere tut man die
Äpfel, den Zucker, die eingeweichten und fein zerrührten Semmeln
und zuletzt den geſchlagenen Eierſchnee, ſtreicht die Pfanne
mit Butter aus, tut die Maſſe hinein, etwas Butter in Stückchen
darauf und backt ſie bei mäßiger Hitze eine Stunde.

Statt Äpfel kann man auch Pflaumen oder Kirſchen
verwenden.

(Vegetar. Kochbuch von E. Baltzer.)

## 120. Buttermilchkuchen.

1 Liter Buttermilch, Mehl, 1 Meſſerſpitze Natron, Salz.

Zu der Buttermilch wird ſoviel Mehl verrührt, bis es
einen ſteifen Teig gibt. Dann tut man das Natron und Salz
daran und backt von der Maſſe kleine Kuchen in Butter,
welche warm mit Fruchtmus gegeſſen werden.

## D. In Schmalz Gebackenes.

### 121. Schneebälle.

½ Liter Milch, 250 Gramm Mehl, 125 Gramm Butter,
6 Eier, Zucker, Zimt, Schmalz.

Mehl, Milch und Butter werden auf dem Feuer abge-
backen. Wenn die Maſſe etwas abgekühlt iſt, tut man die
Eier einzeln dazu, rührt den Teig mit etwas Zimt tüchtig
und ſetzt dieſen löffelweiſe in kochendes Schmalz, worin man
die Schneebälle ſolange kochen läßt, bis ſie kroß ſind.

## 122. Rahmpförtchen.

¹/₂ Liter Rahm, 240 Gramm Mehl, 6 Eier, 250 Gramm Butter, Vanille, Zucker, Schmalz.

Man verrühre den Rahm mit der Butter, tue unter fortwährendem Rühren die Eigelb (einzeln), Mehl, Zucker und Vanille nach und nach dazu und zuletzt das geschlagene Eiweiß. Darauf backt man kleine Pförtchen in kochendem Schmalz.

# Kalte Nachspeisen.

### 123. Einfacher Milchpudding.

1 Liter Milch, 12 Blatt rote Gelatine, Zucker, Vanille oder Zitronensaft.

Die Milch wird mit Zucker, Vanille oder Zitronensaft gekocht, die Gelatine in Wasser eingeweicht, ausgedrückt und in der kochenden Milch verrührt. Die Flüssigkeit wird, wenn sie in einer Form gut abgekühlt ist, gestürzt und mit Vanille- oder Saftsauce serviert. Statt süßer Milch kann man auch Buttermilch nehmen.

### 124. Kalter Mandelpudding.

1/2 Liter geschlagener Schlagrahm, 6 Eier, 125 Gramm geriebene Mandeln, 15 Blatt Gelatine, Vanille, Zucker.

Die Eigelb werden geschlagen, die Mandeln, die aufgelöste Gelatine und Zucker wie Vanille nach Geschmack dazugerührt. Darauf gibt man den geschlagenen Schnee der Eier und den geschlagenen Schlagrahm dazu, gießt die Masse in eine Form und stürzt sie nach völligem Erkalten.

### 125. Mandelkreme.

1 1/2 Liter Milch, 125 Gramm geriebene Mandeln, darunter einige bittere, 8—12 Eigelb, 40 Gramm Stärke, Vanille oder Zitronensaft.

Man rühre alles gut zusammen, schütte die Creme schnell in eine Schale, rühre noch eine Weile, bis sie nicht mehr heiß ist, und richte sie an.

### 126. Tutti-Frutti-Schlagrahm.

1/2 Liter Schlagrahm, 80 Gramm geriebene Pfefferkuchen, 60 Gramm geriebene Mandeln, Hasel- oder Wal-

nüffe, 1 Eßlöffel Zitronenzucker, 2 Eßlöffel Vanillezucker,
60 Gramm geriebene Schokolade, 35 Gramm bunter Zucker.

Die Nüsse oder Mandeln werden mit Zitronen- und
Vanillezucker gemischt. Darauf wird eine Glasschale lagen-
weise mit allem gefüllt; dick geschlagener Schlagrahm,
Pfefferkuchen, Schlagrahm, Nüsse, Schlagrahm, Schokolade,
obenauf Schlagrahm, der mit buntem Zucker bestreut wird.
Die Speise muß 3 Stunden stehen, um durchzuziehen.

(Das ABC der Küche von H. Heyl.)

## 127. Makronencreme mit Mandeln.

1 Liter Milch (reichlich), 8 Eigelb, 8 geriebene Makronen,
100 Gramm Zucker, 70 Gramm geschälte, feingehackte
Mandeln, Zitronenschale, Zimt.

Die Milch wird mit 30 Gramm Zucker, Zitronenschale
und einem Stückchen Zimt langsam zum Kochen gebracht,
dann nimmt man die Gewürze heraus, rührt die Makronen
hinein und läßt einige Minuten kochen. Darauf nimmt
man die Creme vom Feuer, rührt die mit etwas Milch geschlagenen Eigelb hinzu und läßt das Ganze erkalten. Kurz
vor dem Anrichten vermischt man die Mandeln mit dem Rest
Zucker, streut sie darüber und gibt der Creme mit einer
glühenden Schaufel eine gelbe Färbung.

## 128. Mandel- oder Nußcreme.

1 Liter Milch, $^1/_4$ Liter Schlagrahm, 125 Gramm Zucker,
125 Gramm Mandeln oder 125 Gramm Haselnuß oder
120 Gramm Walnußkerne, 20 Gramm Agar-Agar, 6 Eigelb, Vanille.

Man schlägt Milch, Eigelb und Zucker auf gelindem
Feuer, bis die Masse dick wird, kochen darf sie nicht. Dann
gießt man sie durch ein Haarsieb über die geschälten und
mit Vanille gewürzten, feingeriebenen Mandeln oder Nüsse
(Haselnüsse werden vor dem Reiben leicht geröstet) in eine
Schüssel zum Erkalten. Inzwischen weicht man den Agar-
Agar in kaltem Wasser eine halbe Stunde ein, kocht ihn
dann langsam, bis er ganz aufgelöst ist, gießt ihn ebenfalls

durch das Sieb in die Milch und schlägt alles mit dem Schneebesen gut durcheinander, bis die Creme dick wird. Dann zieht man den geschlagenen Rahm leicht durch, stellt die Creme 1 Stunde auf Eis und stürzt sie erst unmittelbar vor dem Gebrauch.

(Hygien. Kochbuch von Elise Starker nach Dr. Lahmann.)

## 129. Schlagrahmpudding.

³/₄ Liter Milch, ¹/₂ Liter Schlagrahm, 9 Blatt weiße Gelatine, 100 Gramm kleine Schokoladenwürfel, Zucker, Vanille.

Die Milch wird mit Vanille und der aufgelösten Gelatine unter Umrühren erhitzt. Nachdem die Masse etwas erkaltet ist, gibt man den Schlagrahm und Zucker nach Geschmack hinzu, rührt sie mit den Schokoladenwürfeln durch und läßt den Pudding vollständig erkalten.

## 130. Kaffeepudding.

¹/₂ Liter Rahm, ¹/₄ Liter Schlagrahm, 6 Eigelb, 45 Gramm guter Kaffee, 7¹/₂ Blatt Gelatine, 100 Gramm Zucker, Vanille.

Der halbe Liter Rahm wird mit der Vanille langsam zum Kochen gebracht; darauf verrührt man die Eigelb mit dem Zucker tüchtig, tut den kochenden Rahm und 2 kleine Tassen Kaffee, der von den 45 Gramm zubereitet ist, unter starkem Rühren hinzu und mischt die gut aufgelöste Gelatine darunter. Man läßt nun den Pudding in einer Sturzform erkalten und garniert ihn kurz vor dem Anrichten mit dem Schlagrahm.

## 131. Kaffeecreme in Tassen.

¹/₈ Liter Rahm, ¹/₁₆ Liter Schlagrahm, 20 Gramm gebrannte gute Kaffeebohnen, 15 Gramm Zucker, ein ganzes Ei, ein Eigelb.

Der Kaffee muß frisch gebrannt sein oder wird erhitzt und zerstoßen, heiß in den kochenden Rahm geworfen, der feſt zugedeckt wird. Wenn der Rahm kalt geworden, wird er mit dem ganzen Ei und dem Eigelb vermiſcht, mit dem Zucker ordentlich verquirlt, und dieſe Miſchung dreimal durch ein feines Sieb gegoſſen. Die Miſchung gießt man dann in 2 kleine Mokka-Taſſen, und ſtellt dieſe zur Hälfte der Taſſen in kochendes Waſſer, deckt den Topf zu und läßt ihn an der Seite des Feuers ziehn, bis die Creme ſteif iſt. Dann wird ſie geſtürzt und mit Schlagrahm garniert. — Für 1 Perſon. (Die Krankenkoſt von H. Heyl.)

### 132. Grießflammeri.

1 Liter Milch, 125 Gramm Grieß, 20—25 Mandeln, 3—4 Eier, 125 Gramm Zucker, Vanille.

Die Milch wird mit den Mandeln, der Vanille und dem Zucker zum Kochen gebracht, dann der Grieß langſam hinein-gerührt, und das Ganze unter beſtändigem Rühren bei mäßigem Feuer 10 Minuten gekocht. Dann ſetzt man den Topf vom Feuer und rührt die mit wenig kalter Milch ver-quirlten Eigelb dazu. Nachdem zuletzt der ſteif geſchlagene Eierſchnee darunter gemengt iſt, tut man die Maſſe in eine mit kaltem Waſſer ausgeſpülte Form, ſtürzt ſie nach völligem Steifwerden und richtet den Flammeri mit Vanille oder Fruchtſauce an. — Statt Grieß kann man auch Mondamin oder Kartoffelſtärkemehl nehmen.

### 133. Flammeri von Buchweizengrütze.

1¼ Liter Milch, 200 Gramm Buchweizengrütze, 100 Gramm Zucker, 1 Zitrone, 4 Eiweiß.

Die Grütze wird einigemale mit kaltem Waſſer abge-quirlt und dann in der kochenden Milch dick gekocht, die man vorher mit dem Zucker verrührt, auf dem man die Zitrone abgerieben hat. Vom Feuer genommen vermiſche man den Brei leicht mit dem Schnee vom Eiweiß und fülle ihn in eine mit kaltem Waſſer ausgeſpülte Form. Erkaltet, wird der Flammeri geſtürzt und mit einer Fruchtſauce angerichtet.

### 134. Maizenapudding.

2 Liter Milch, 200 Gramm Maizena, 8 Eier, 125 Gramm Zucker, Vanille oder Zitronenſchale.

Zu 1½ Liter kochender Milch wird das mit ½ Liter kalter Milch ausgerührte Maizena gegeben. Dann tut man Zucker und Gewürz nach Geschmack dazu und beendigt den Pudding wie Grießflammeri.

## 135. Milchgelee.

⅛ Liter Rahm, 60 Gramm Zucker, ¼ fein abge-schälte Zitrone, ⅛ Liter Madeira, ½ Eßlöffel Zitronensaft, 3 Blatt weiße Gelatine.

Rahm, Zucker und Zitronenschale werden aufgekocht und zum Erkalten gestellt. Die Gelatine wird gewaschen, in 3 Eßlöffel warmen Wasser aufgelöst und durch ein Sieb zur Rahmmischung gerührt. Dann schmeckt man mit Ma-deira und Zitronensaft ab und läßt die Masse in einem Glas zu Gelee erstarren. — Für 1 Person.

(Die Krankenkost von H. Heyl.)

## 136. Rumpudding.

1 Liter Milch, 8 Eier, 12 Blatt Gelatine, ein kleines Glas Rum, Zucker, Vanille.

Man kocht die Milch mit Zucker und Vanille auf, rührt dann die Eigelb (einzeln) und die aufgelöste Gelatine dazu, läßt die Masse erkalten und rührt dann sorgfältig das zu Schaum geschlagene Eiweiß darunter. Nachdem man den Rum dazu gegeben, wird die Masse in eine Form getan und nach völligem Erkalten gestürzt.

## 137. Speise von saurem Rahm mit Arrak.

½ Liter saurer Rahm, ½ Liter saure Milch, 4 Blatt rote, 8 Blatt weiße Gelatine, 300 Gramm Zucker, 1 Wein-glas Arrak.

Der Rahm und die Milch werden mit Zucker und Arrak ½—¾ Stunde geschlagen. Dann gibt man unter beständigem Rühren die in wenig kochendem Wasser aufge-löste Gelatine durch ein Sieb dazu. Man füllt die Masse in eine Form und stürzt sie nach völligem Steifwerden.

## 138. Milchcreme mit Arrak.

l Liter Milch, l30 Gramm feiner Zucker, l0 Eigelb, 75 Gramm Butter, 20 Gramm feines Mehl, abgeriebene Schale einer Zitrone.

Man läßt die Butter auf dem Feuer schmelzen, verrührt sie mit dem Mehl, aber so, daß dieses nicht gelb wird, gießt nun unter fortwährendem Rühren die Milch, die Eigelb, den Zucker und die geriebene Zitronenschale dazu, schlägt die Mischung tüchtig, bis sie beinahe kocht — kochen darf sie aber nicht —, und schüttet sie dann schnell in eine Schale, mischt den Arrak darunter und läßt die Creme erkalten.

## 139. Marasquinocreme.

³/₄ Liter Rahm, l2 Eier, l25 Gramm Zucker, l7 Blatt Gelatine, ein Weinglas Marasquino.

Der Rahm wird mit dem Zucker aufgekocht, mit den Eigelb abgezogen und mit der aufgelösten Gelatine vermischt. Abgekühlt, vermengt man die Masse mit dem Marasquino, zieht den steif geschlagenen Eiweißschnee durch und füllt die Masse in eine kalt ausgespülte Sturzform.

## 140. Französischer Reispudding.

³/₄ Liter Milch, ¹/₂ Liter Schlagrahm, l25 Gramm Reis, l00 Gramm Zucker, eingemachte Erdbeeren oder Aprikosen, Vanille.

Man wäscht den Reis in kaltem Wasser, kocht ihn in der Milch weich, tut die Hälfte des Zuckers und Vanille hinzu. Dann läßt man ihn etwas erkalten und richtet ihn als dreifingerbreiten Rand auf einer Porzellanplatte an. Wenn der Reis ganz kalt geworden, wird er mit den Früchten verziert. In die Mitte der Platte gibt man den geschlagenen Rahm, zu dem man den Rest Zucker und Vanille gerührt hat.
(Hygien. Kochbuch von Elife Starker nach Dr. Lahmann.)

## 141. Schokoladepudding I.

l Liter Schlagrahm, 375 Gramm Schokolade, Zucker, Vanille.

Man rührt alles gut zusammen, tut die Masse in eine Porzellanform und stürzt den Pudding nach völligem Erkalten.

## 142. Schokoladepudding II.

1 Liter süßer Rahm, 300 Gramm Schokolade, Zucker, Vanille, 4 Eigelb, 10 Blatt aufgelöste Gelatine.

Man läßt den Rahm mit der Schokolade langsam auf-kochen, quirlt die Eigelb hinein, tut die Gelatine hinzu, ver-rührt alles gut und gibt die Masse in eine kalt ausgespülte Form, worin man sie steif werden läßt.

## 143. Früchte mit geschlagenem Rahm.

Saure ausgesteinte Kirschen oder andere passende Früchte legt man in eine tiefe Glasschüssel, streut recht viel Zucker und Zimt darüber und legt den mit Zucker geschlagenen Schlagrahm oben drauf. — Besonders wohlschmeckend sind gute Catharinen-Pflaumen mit Schlagrahm bedeckt.

## 144. Rahmspeise mit Fruchtgelee.

1 Liter süßer Rahm, 6 Eigelb, 3 Eiweiß, 125 Gramm Zucker, 12 Blatt aufgelöste Gelatine, Fruchtgelee, Vanille.

Man läßt die Vanille in dem süßen Rahm ausziehen und bringt diesen mit dem Zucker zum Kochen, mischt ihn mit 6 schaumig abgequirlten Eigelb und mit der aufgelösten Gelatine. Etwas abgekühlt, zieht man den steifen Schaum von 3 Eiern darunter, füllt die Masse in eine ausgepinselte Form, indem man lagenweise Fruchtgelee dazwischen gibt, und läßt sie auf Eis erstarren.

## 145. Sultanspeise.

1 Liter Rahm, 125 Gramm große Rosinen, 125 Gramm Korinthen, 125 Gramm in Würfel geschnittenes Zitronat, 15 Eigelb, 12 Eiweiß, 250 Gramm Zucker, 30 Blatt Gelatine.

Der Rahm wird mit Zucker und Vanille gekocht. Dann quirle man die 15 Eigelb hinein, schütte das ganze durch ein Sieb und rühre es auf dem Feuer bis zum Sämigwerden, mischt die Gelatine, Rosinen, Korinthen und Zitronat dazu, zieht die steif geschlagenen 12 Eiweiß darunter und fülle das ganze in eine Form.

## 146. Schweizer Reis.

¾ Liter Milch, ¼ Liter Schlagrahm, 125 Gramm Reis, 100 Gramm Zucker, 5 Blatt aufgelöste Gelatine, Vanille.

Der Reis wird abgebrüht und muß dann in ganz wenig Wasser hoch quellen, dann gieße man die Milch mit der Vanille heiß zu und koche unter wenig Umrühren den Reis ganz langsam weich, damit er nicht zerkocht. Wenn er weich ist, tut man den Zucker hinein und schütte den Reis mit der Gelatine vermischt in eine Schüssel zum Abkühlen. Fängt er an, sich zu verdicken, so mischt man den geschlagenen Rahm darunter. Vor dem Stürzen hält man die Form einen Augenblick in heißes Wasser.

## 147. Reis mit Makronen.

1 Liter Milch, 60 Gramm Reis, 12 bittere Mandeln, 3 Eiweiß, 8 zerstoßene Makronen, Zucker, Vanille, Zimt.

Man läßt die Milch mit dem Reis, den geriebenen Mandeln, Vanille und Zimt zusammen kochen. Ist die Masse zu Creme geworden, tut man sie in eine Schüssel. Wenn sie abgekühlt ist, legt man die mit dem geschlagenen Eiweiß gemischten Makronen darauf. Kurz vor dem Servieren färbt man den Schaum mit einem Tortenpfanndeckel hellbraun.

## 148. Charlotte russe.

¼ Liter Schlagrahm, ¼ Liter Milch, 4 Eigelb, 6 Blatt aufgelöste Gelatine, Vanille, 70 Gramm Zucker.

Man läßt die Vanille in der Milch ausziehen und mische in diese die Eigelb, den Zucker und die aufgelöste Gelatine. Erkaltet, durchzieht man die Masse mit dem geschlagenen Rahm und füllt sie in eine mit Biskuits ausgelegte Porzellanform. Der Pudding wird zum Erkalten auf Eis gestellt.

### 149. Aprikosencreme.

½ Liter Schlagrahm, 20 Gramm Agar-Agar, 20 Aprikosen.
Man löst den Agar-Agar in Wasser auf, streicht die
Aprikosen durch ein Haarsieb und schlägt den Rahm zu
Schaum. Dann mengt man alles leicht durcheinander, füllt
die Masse in eine Cremeform und stellt sie auf Eis.

(Hygien. Kochbuch von Elise Starker nach Dr. Lahmann.)

### 150. Creme von saurem Rahm.

½ Liter saurer geschlagener Schlagrahm, 4 Blatt rote
Gelatine, 5 Eßlöffel Weißwein, 1 Eßlöffel Arrak, 175 Gramm
Zucker, 1 Eßlöffel Zitronenzucker, 1 Eßlöffel Vanillezucker.
Die Gelatine wird gewaschen, in Weißwein kalt auf-
gelöst und durch ein Sieb gegossen; der mit Arrak vermischte
Zucker, sowie Zitronen- und Vanillezucker werden dazu-
getan. Der Schlagrahm wird schnell unter die Masse ge-
zogen, die sofort in die vorbereitete Form geschüttet, auf
Eis gestellt und nach völligem Erkalten gestürzt wird.

(Das ABC der Küche, von H. Heyl.)

### 151. Gestürzter Reis mit Früchten.

1 Liter Milch, 250 Gramm Reis, 3 Apfelsinen oder
4 Eßlöffel eingemachte Früchte, 75 Gramm Zucker.
Man kocht den Reis mit der Milch ganz weich, doch
so, daß die Körner heil bleiben. Dann rührt man den
Zucker darunter und füllt den Reis mit den in Scheiben
geschnittenen Apfelsinen oder den eingemachten Früchten in
eine naßgemachte Porzellanform. Nach völligem Erkalten
stürzt man die Speise und reicht Fruchtsauce dazu.

(Hygien. Kochbuch von Elise Starker nach Dr. Lahmann.)

### 152. Kastanienberg.

½ Liter Schlagrahm, ½ Kilogramm Kastanien,
210 Gramm Zucker, ⅛ Liter Wasser, Vanille.
Die Kastanien schält man und kocht sie weich, dann
schlägt man sie noch warm durch ein feines Haarsieb und
vermischt sie mit 50 Gramm Zucker, der warm in der

Hälfte des Wassers aufgelöst wurde. Man fügt Vanille hinzu und formt nußgroße Kugeln aus der Masse, die man bergartig auf eine Platte legt. Dann kocht man 100 Gramm Zucker mit dem Rest Wasser dick und gießt ihn über die Kastanienkugeln. Den steifgeschlagenen Rahm vermischt man mit dem Rest Zucker und etwas Vanille und garniert damit die Platte.

(Hygien. Kochbuch von Elise Starker nach Dr. Lahmann.)

### 153. Erdbeeren mit Kognakcreme.

¹/₄ Liter Milch, ¹/₈ Liter geschlagener Schlagrahm, ¹/₂ Kilogramm Erdbeeren, 10 Gramm Hoffmanns Speise-mehl, 50 Gramm Zucker, 2 Eigelb, 2 Eßlöffel Kognak, Salz.

Speisemehl, Zucker, Eigelb und Salz werden mit der Milch verrührt, im irdenen Topf unter Rühren zum Kochen gebracht, bis die Masse dick wird. Nachdem die Creme unter öfterem Rühren erkaltet, werden Schlagrahm und Kognak genau darunter gemischt; die Creme wird in einer Glasschale angerichtet, mit Erdbeeren belegt und, auf Eis ab-gekühlt, serviert.          (Das A B C der Küche von H. Heyl.)

### 154. Crème mousseline mit Kastanien.

¹/₂ Liter geschlagener Schlagrahm, 125 Gramm Kastanien, 2 Eßlöffel Portwein, 1¹/₂ Blatt Gelatine, 80 Gramm Zucker, 1 Eßlöffel Vanillezucker.

Die Kastanien werden von der ersten Schale befreit, mit der zweiten Schale in Wasser weich gekocht und ab-gezogen. 40 Gramm Zucker und den halben Portwein kocht man auf, legt die Kastanien hinein, bestäubt sie mit Vanille-zucker, begießt sie mit der Flüssigkeit und läßt sie bei ganz gelinder Hitze, zugedeckt, ¹/₂ Stunde ziehen, dann hackt man sie gröblich. Die abgewaschene und aufgelöste Gelatine vermischt man mit dem Rest Portwein. Der Schlagrahm wird mit dem Rest Zucker und der Kastanienmasse genau gemischt und mit der warmen durchgesiebten Gelatine schnell und genau verrührt. Man füllt die Masse in eine Glas-schale und läßt sie erkalten. (Das A B C der Küche von H. Heyl.)

### 155. Creme von saurer Milch.

¹/₂ Liter gestandene saure Milch, unabgerahmt, gestoßener Zwieback, ein Gläschen Arrak oder Rum, 40 Gramm Zucker.

Die saure Milch, Arrak oder Rum und Zucker werden mit einem Schneebesen tüchtig untereinander geschlagen. Man gibt den gestoßenen Zwieback mit dem Zucker vermischt darüber. (Kochbuch für Kranke von Dr. O. Dornblüth.)

### 156. Custard (Eierkäse).

1 Liter Milch, 12 ganze Eier, 1 Stange Vanille, Zucker, Salz.

Die Vanille wird mit Zucker fein gestoßen, die Eier werden tüchtig geschlagen, die Milch mit dem Vanillezucker und etwas Salz hinzugetan. Man gießt die Eiermilch in eine ausgespülte und, noch feucht, mit Zucker bestreute Blechform, stellt diese in einen Kochtopf mit kochendem Wasser, das aber nur die halbe Höhe der Form erreichen darf, und läßt so den Eierkäse ³/₄ Stunde, nicht zugedeckt, in dem Bratofen stehen. Ist der Pudding gestürzt, so gießt man gebräunten, heißen, etwas dicklichen Zucker darüber.

### 157. Süße Milchsaucen mit verschiedenem Geschmack.

³/₈ Liter Milch, 20 Gramm Zucker, 6 Gramm Kartoffel- oder beliebiges Stärke-Mehl, 2 Eigelb, 1 kleine Prise Salz und 6 bittere Mandeln oder ¹/₄ Stange Vanille oder 30 Gramm Kakao oder ¹/₄ Zitronenschale oder 2 Eßlöffel Marasquino.

¹/₄ Liter Milch wird mit einer der Zugaben, Zucker und Salz erhitzt, das Stärke-Mehl mit dem Eigelb und dem Rest kalter Milch verrührt und unter fortgesetztem Rühren mit der Milch aufgekocht, durch ein Sieb gerührt und bis zum Erkalten öfter umgerührt, damit sich auf der Sauce keine Haut bildet.

Statt Eigelb kann man etwas Stärke-Mehl mehr nehmen. Eine Vermischung der fertigen Sauce mit 3 Eßlöffel Schlagrahm ist zu empfehlen. (Das A B C der Küche von H. Heyl.)

# Eis.

## 158. Vanillecreme-Bombe.

³/₈ Liter Milch, ¹/₄ Liter Schlagrahm, 100 Gramm Zucker,
Vanille, 4 Eigelb, 2 ganze Eier, 5 Blatt weiße Gelatine,
3 Kilogramm Eis, 1 Kilogramm Salz.

Die Milch wird mit 10 Gramm Zucker und etwas Vanille
aufgekocht, dann läßt man sie ³/₄ Stunde in einem irdenen
Topf zugedeckt ziehen. Man gießt sie zu den mit Zucker
verschlagenen Eigelb und ganzen Eiern, mischt die aufgelöste
Gelatine dazu und schlägt die Creme mit dem Schneebesen
20 Minuten über dem Feuer oder im Wasserbade, doch so,
daß sie nicht kocht.

Alles wird durch ein Haarsieb gerieben und lauwarm
gerührt, dann mit dem Schlagrahm vermischt. Man füllt
die Masse in eine Form, legt ein Papier darüber, dreht den
Deckel fest zu und stellt die Form 4 Stunden in Eismischung.
Vor dem Stürzen taucht man die Form in kaltes Wasser.
Für 4 Personen.

(Das A B C der Küche von H. Heyl.)

## 159. Bombe von Schlagrahm mit verschiedenem Geschmack.

¹/₄ Liter ungeschlagener Schlagrahm, 2 Blatt weiße
Gelatine, 175 Gramm Zucker, 1 Gramm Vanille, 3 Kilo-
gramm Eis, 1 Kilogramm Salz — oder statt Vanille — 4 Eßlöffel
Kaffeeextrakt — 4 Eßlöffel Arrak oder Kognak oder Marasquino
oder 1 Eßlöffel Kirschwasser und 40 Gramm kleingeschnittene
Makronen — 50 Gramm geriebene Pumpernickel und 2 Eßlöffel
Vanillezucker — 50 Gramm grob gewiegte, geröstete Haselnuß-
kerne und 2 Eßlöffel Vanillezucker — 2 Eßlöffel in 4 Eßlöffel

5*

Waſſer aufgelöſter Kakao und 1 Eßlöffel Vanillezucker —
125 Gramm Erdbeer- oder Himbeermarmelade oder eingemachte ganze Erdbeeren — 125 Gramm Ananaspuree oder
eingemachte Ananaswürfel — 125 Gramm gemiſchte Kompott-
ſtücke.

Die Gelatine wird in warmem Waſſer aufgelöſt. Der
Schlagrahm wird zu feſtem Schnee geſchlagen, dann wird er
mit den geſchmackgebenden Zutaten, dem Zucker und der
durchgeſiebten Gelatine vermiſcht, in die bereitſtehende Form
gefüllt, mit weißem Papier überdeckt und feſtverſchloſſen
4 Stunden in klein geſchlagenes Eis und Salz vergraben
und das Eis mit groben Tüchern feſt zugedeckt. Beim Anrichten trocknet man die Form ab, taucht ſie in kaltes Waſſer
und ſtürzt ſie. — Für 4 Perſonen.

(Das A B C der Küche von H. Heyl.)

### 160. Vanille-Eis.

¼ Liter Milch, ⅛ Liter ſüßer Rahm, 4 Eigelb, 75 Gramm
Zucker, 1 Gramm Vanille, 3 Kilogramm Eis, 1 Kilogramm Salz.

Die Vanille wird mit der Milch und dem Rahm heiß
geſtellt. In einem irdenen Topf von 1½ Liter Inhalt ver-
ſchlägt man die Eigelb mit dem Zucker, gießt die Vanille-
milch dazu und ſchlägt die Maſſe auf dem Feuer oder im
Waſſerbade zu einer dickflüſſigen Creme. Der Topf darf
nicht zu nahe ans Feuer geſetzt werden, damit die Eier nicht
gerinnen! Man ſchlägt die Creme etwa 20 Minuten, reibt
ſie durch ein Sieb in eine Eisbüchſe und läßt ſie darin gefrieren.

Will man das Vanille-Eis ſchwerer machen, ſo ver-
wendet man Rahm ſtatt Milch, wünſcht man es luftiger, ſo
vermiſcht man die halbgefrorene Maſſe mit ⅛ Liter ge-
ſchlagenem Rahm und läßt ſie damit durchfrieren. — Für
4 Perſonen. (Das A B C der Küche von H. Heyl.)

### 161. Schokoladen-Eis.

Wie Vanille-Eis, nur 80 Gramm gute Schokolade in
der Milch gelöſt. (Das A B C der Küche von H. Heyl.)

### 162. Kaffee-Eis.

Wie Vanille-Eis und mit 80 Gramm gebrannten gemahlenen Kaffeebohnen, die 1 Stunde in der Milch ziehen müssen; letztere wird dann durchgesiebt.

(Das A B C der Küche von H. Heyl.)

### 163. Mandarinenschalen-Eis.

Die Schalen von 2 Mandarinen müssen 1 Stunde mit heißer Milch ziehen, werden später entfernt und das Eis wie Vanille-Eis zubereitet. Nur fügt man statt Vanille 1 Eßlöffel Arrak hinzu. (Das A B C der Küche von H. Heyl.)

### 164. Malaga-Eis.

Wie Vanille-Eis unter Fortlassung der Vanille. Die fertige Creme wird mit $^1/_4$ Liter Malaga abgeschmeckt.

(Das A B C der Küche von H. Heyl.)

### 165. Nuß- oder Pistazien-Eis.

125 Gramm Nüsse oder abgezogene Pistazien werden mit Zugabe von einigen Eßlöffeln Milch gestoßen oder durch die Reibmaschine gerieben, müssen $^1/_2$ Stunde mit der übrigen Milch ziehen, werden mit 1 Eiweiß, das mit rohen Kaffeebohnen in 12 Stunden grün gefärbt wurde, durchgesiebt und wie Vanille-Eis unter Fortlassung der Vanille zubereitet.

(Das A B C der Küche von H. Heyl.)

### 166. Reis-Eis.

Zu dem fertigen Vanille-Eis mischt man 60 Gramm in Salzwasser gekochten Reis; man kann auch noch $^1/_4$ Liter Schlagrahm darunter mischen und die Form noch 3 Stunden gefrieren lassen. (Das A B C der Küche von H. Heyl.)

### 167. Tee-Eis.

Wie Vanille-Eis; die Milch muß mit 8 Gramm feinem Tee ziehen und wird vor dem Abrühren durch ein Sieb gegossen. (Das A B C der Küche von H. Heyl.)

### 168. Marasquino-Eis.

Dieselbe Masse wie beim Vanille-Eis unter Fortlassung
der Vanille wird abgerührt und mit Marasquino abgeschmeckt.

(Das A B C der Küche von H. Heyl.)

### 169. Erdbeerrahm-Eis.

Dieselbe Masse wie beim Vanille-Eis unter Fortlassung
der Vanille wird, nachdem sie gefroren, mit 125 Gramm
Puree von frischen Walderdbeeren vermischt und nach 5 Minuten, nochmals gefroren, in Gläsern gereicht.

(Das A B C der Küche von H. Heyl.)

### 170. Vanille-Eis mit Einlagen.

3/8 Liter süßer Rahm, 3 Eigelb, 1 ganzes Ei, 60 Gramm
Zucker, 1 Gramm Vanille, 30 Gramm Sultaninrosinen, 30 Gramm
klein geschnittenes Zitronat, 12 Pistazien, 10 eingemachte
Glaskirschen, 50 Gramm klein geschnittene Makronen,
1 1/2 Eßlöffel Marasquino, 3 Kilogramm Eis, 1 Kilogramm Salz.

Das nach obigem Rezept bereitete Vanille-Eis wird mit
den klein geschnittenen, aufgequollenen Sultaninrosinen, dem
Zitronat, den in 4 Teile geschnittenen, abgezogenen Pistazien,
den abgetropften, durchgeschnittenen Kirschen und den Makronen, alles mit Marasquino mariniert, vermischt und noch
3 Stunden in der Form gefroren. — Für 4 Personen.

(Das A B C der Küche von H. Heyl.)

### 171. Diplomaten-Bombe.

1/8 Liter süßer Rahm, 1/4 Liter Schlagrahm, 5 Eigelb,
125 Gramm Zucker, 100 Gramm gargekochte, abgezogene
Kastanien oder Nüsse, 100 Gramm klein geschnittene kandierte
oder eingemachte Früchte, oder Traubenrosinen, oder Zitronat,
4 Eßlöffel Marasquino, 3 Kilo Eis, 1 Kilo Salz.

Die Kastanien werden gerieben, die Eigelb werden mit dem Zucker, dem Rahm und den Kastanien über dem Feuer dick geschlagen, schnell durch ein Sieb gestrichen und müssen dann in der Eismaschine halb gefrieren; dann mischt man vorsichtig den Schlagrahm und die mit Marasquino angefeuchteten Früchte dazu und läßt das Ganze fertig frieren. — für 6 Personen.           (Das A B C der Küche von H. Heyl.)

# Getränke.

### 172. Vollmilch.

Milch, wie sie von der Kuh gewonnen ist, wird als Vollmilch bezeichnet; ihr darf nichts zugesetzt und nichts entnommen sein. Gute Vollmilch ist sehr nahrhaft und sättigend, und erwärmt, als heißes Getränk ebenso angenehm, wie sie, kalt getrunken, erfrischt.

### 173. Magermilch.

Entrahmte Vollmilch nennt man Magermilch. Sie ist weniger sättigend und nahrhaft wie Vollmilch, aber auch als Getränk zu empfehlen, besonders bei Entfettungskuren.

### 174. Buttermilch.

Buttermilch ist die beim Verbuttern der Milch oder des Rahms nach Ausscheiden der Butter gewonnene, weißliche Flüssigkeit. Süße Buttermilch nimmt leicht einen widerlich bitteren Geschmack an. Die saure Buttermilch ist ein sehr beliebtes Getränk, das besonders im Sommer angenehm durstlöschend und kühlend wirkt.

### 175. Saure Milch.

Man gießt frische Vollmilch in einen Porzellan oder Contopf, deckt denselben mit einem Tuch oder Papier leicht zu und setzt ihn in einen gleichmäßig warmen Raum von ungefähr 15° R. Hier bleibt die Milch 2—3 Tage stehen, bis sie fest wie Gelee geworden ist. Die Haut auf der Milch soll glatt und etwas gelblich sein; ist dieselbe schon zusammengeschrumpft und grau, so ist die Milch zu alt und schmeckt nicht mehr so gut. Unmittelbar vor dem Gebrauch schlägt

man die Milch mitsamt dem Rahm tüchtig mit dem Schneebesen oder Quirl, so daß sie dickflüssig und schaumig wird.
Sie wird dann in Gläsern serviert.

(Hygien. Kochbuch von Elise Starker nach Dr. Lahmann.)

### 176. Gekochte saure Milch.

Diese Milch wird zubereitet von gekochter Voll- oder
Magermilch, die man, nachdem sie im zugedeckten Kochtopf
abgekühlt ist, auf je 1 Liter im Sommer mit ca. 3 ge-
strichenen Eßlöffeln, im Winter mit doppelt so viel pasteuri-
sierter Sauermilch oder reinem Säurewecker, in jeder modernen
Meierei erhältlich, versetzt und dann in Patentflaschen bei
15—18⁰ C. 12—24 Stunden stehen läßt. — Aus der fertigen
sauren Milch kann wieder neue Milch angesetzt werden. —
Die auf diese Weise bereitete Sauermilch hält sich in Patentflaschen mehrere Tage und verdient nach ärztlicher Aussage
die weiteste Verbreitung als gesundes, gut bekömmliches
Volksnahrungsmittel.

### 177. Labmolken.

1¹/₂ Liter Milch, 1 Teelöffel Labessenz, in jeder Apo-
theke erhältlich.

Die Milch wird ungekocht mit dem Lab vermischt, bis
auf 35—40⁰ C. erwärmt und nach dem Gerinnen durch ein
sauberes Seihetuch gegossen.

### 178. Weinmolken.

¹/₂ Liter Milch, ¹/₈ Liter Weißwein oder Madeira.

Milch und Wein werden langsam erwärmt und, geronnen, durch ein sauberes Mullläppchen gegossen. — Für
1 Person.

(Das A B C der Küche von H. Heyl.)

### 179. Zitronenmolken.

1 Liter Milch, 1¹/₂ Eßlöffel Zitronensaft, 5 Gramm
Zucker.

Die Milch wird mit dem Zitronensaft langsam erwärmt
und, wenn sie geronnen, durch ein sauberes Seihetuch gegossen.
Man kann die Molken dann versüßen. — Für 1 Person.

(Die Krankenkost von H. Heyl.)

## 180. Milchlimonade.

¼ Liter Milch, ¼ Liter Wasser, ⅛ Liter Weißwein, 125 Gramm Zucker, 3 Eßlöffel Zitronensaft.

Der Zucker wird in dem Wasser aufgelöst und gekocht; Milch, Zitronensaft und Weißwein werden dazugegossen. Die Limonade wird aufgekocht, dann durch ein ausgespültes Seihetuch gegossen und kalt gestellt. — Für 1 Person.

(Das ABC der Küche von H. Heyl).

## ›181. Kefir.

Dieses Getränk, welches durch Zusatz sogenannter Kefir-körner zur Milch gewonnen wird, ist ein schwach säuerliches, angenehm schmeckendes, sehr nahrhaftes Getränk, welches nach ärztlicher Aussage von Kranken ausgezeichnet vertragen wird. Kefir ist im Handel zu haben.

## 182. Kumys.

Der Kumys ist eine durch Gärung veränderte Stuten-milch. Sie wird schon lange in Rußland als diätetisches Nahrungsmittel genossen und ist auch schon bei uns eingeführt.

## 183. Schafmilch.

Die Schafmilch zeichnet sich durch gelblich-weiße Farbe aus. Sie hat sehr hohen Gehalt an Fett und Eiweiß und wird in vielen Gegenden gerne getrunken.

## 184. Ziegenmilch.

Die Ziegenmilch ist fast reinweiß, etwas eigentümlich riechend und schmeckend, enthält aber reichlicher Fett und Eiweiß als Kuhmilch, und wird als guter Ersatz für solche empfohlen.

## 185. Eselmilch.

Die Eselmilch ist arm an Eiweiß und Fett, enthält aber viel Zucker und dient daher schon lange als Ersatz für die Muttermilch zur Kinderernährung.

### 186. Warme Kognakmilch.

¼ Liter Milch, Schale von ¼ Zitrone, 1 Eigelb,
3 Eßlöffel Kognak, 10 Gramm Zucker.

Die Milch wird mit der Zitronenschale erwärmt und
durch ein Sieb gegossen, mit dem Eigelb, Zucker und Kognak
über gelindem Feuer schaumig geschlagen, wozu man sich
eines ganz kleinen Schneeschlägers oder eines Quirls bedient,
und heiß angerichtet. — Für 1 Person.

(Die Krankenkost von H. Heyl.)

### 187. Kalte Kognakmilch.

Zu 1 Glas kalter Milch gießt man 1 Gläschen Kognak
und trinkt es kalt. Empfehlenswert für Radfahrer.

### 188. Selterswasser mit Milch.

⅛ Liter Milch, ⁸⁄₁₆ Liter Selterswasser.

Man gieße die kochende Milch in ein großes Wasser-
glas, worin man zuvor einen silbernen Teelöffel gestellt hat.
Das Selterswasser wird vorsichtig entkorkt und unter Rühren
mit dem Löffel zur Milch gegossen, bis das Getränk schaumig
ist, dann läßt man es sofort trinken. Gegen Hustenreiz zu
empfehlen. — Für 1 Person. (Die Krankenkost von H. Heyl.)

### 189. Buttermilch mit Syrup.

Altes holsteinisches Hustenmittel.

### 190. Amerikanischer Rahmpunsch.

¾ Liter Schlagrahm, ⁸⁄₁₆ Liter Arrak, 3 Eier, 125 Gramm
Zucker.

Die Eigelb schlägt man mit dem Zucker schaumig und
mischt den Arrak dazu. Das Eiweiß wird zu Schnee geschlagen und mit dem Schlagrahm vollständig unter die
Eiermasse gezogen, so daß sie vollkommen gleichmäßig ist;
dann wird der Punsch in Gläsern angerichtet. — Für
4 Personen. (Das ABC der Küche von H. Heyl.)

## 191. Milchpunſch I.

1 Liter Milch, 2 Flaſchen Arrak, Saft von 8 und Schale von 2 Zitronen, 1 Kilogramm Zucker.

Man ſetzt den Arrak mit Zucker, Zitronen und 2 Liter heißem Waſſer aufs Feuer, gießt, ſobald es kocht, die Milch unter Umrühren hinzu und gießt das Ganze durch ein feines Mulltuch, ſobald es einmal aufgekocht iſt. Man wiederholt das Durchgießen, bis die Flüſſigkeit ganz klar iſt, füllt den Milchpunſch in Flaſchen und läßt ihn erkalten.

## 192. Milchpunſch II.

1 Liter Milch, 1 Liter ſüßer Rahm, 200 Gramm Zucker, 5 Eigelb, 1 Stange Vanille, 1/2 Liter Rum oder Arrak.

Die Vanille wird in der Milch unter beſtändigem Um-rühren ausgekocht; dann gießt man die Milch durch ein Porzellanſieb, gibt den Zucker und den Rahm dazu, läßt alles zuſammen zweimal aufkochen, quirlt es mit den Eigelb ab, läßt es abkühlen und vermiſcht es dann mit dem Rum oder Arrak.

## 193. Milch mit Kognak und Kräutern.

1 Liter Milch, 4—5 Stiele möglichſt friſcher Kräuter, (Thymian, Boretſch, Lattich und Eſtragonkraut gemeinſchaft-lich oder jedes einzeln), Kognak.

Die Milch wird einigemale ordentlich unter fort-während em Umrühren mit den Kräutern aufgekocht, dann durch ein Haarſieb oder einen Batiſtfiltrierbeutel gegoſſen und kalt, womöglich auf Eis, geſtellt. Beim Servieren gießt man in jedes Glas einen Teelöffel Kognak.

## 194. Kakao mit Ei.

3/8 Liter Milch, 1 geſtrichener Eßlöffel Kakao, 2 Eigelb, 15 Gramm Zucker.

Der Kakao wird mit einem Eßlöffel kalter Flüſſigkeit angerührt (holländiſcher Kakao in heißer Flüſſigkeit) und mit der ganzen Flüſſigkeit etwa 5 Minuten gekocht. Die Eigelb werden mit Zucker verſchlagen. Der fertige Kakao dazu-gefügt und angerichtet. — Für 1 Perſon.

(Die Krankenkoſt von H. Heyl.)

### 195. Schokolade von Kakao.

Reichlich ¹/₄ Liter Milch, 1 Teelöffel Kakaopulver, 1 Prise Mehl, 1 Eigelb, ¹/₂ Teelöffel Zucker, etwas Vanille.

Man rührt das Kakaopulver, Mehl und Zucker mit ¹/₈ Liter kalter Milch an, rührt diese Mischung in die mit der Vanille aufgekochte ¹/₈ Liter Milch, quirlt sie ordentlich bis zum Kochen, schlägt die Schokolade mit einem Eigelb, in 2 Eßlöffel kalte Milch gequirlt, über dem Feuer schaumig und trägt das Getränk auf. — Für 1 Person.

(Die Krankenkost von H. Heyl.)

### 196. Schokolade.

³/₈ Liter Milch, 40 Gramm Schokolade, 1 Eßlöffel Wasser.

Die Schokolade wird zerbrochen und mit einem Löffel Wasser im irdenen Topf warm gestellt, bis sie weich ist, und dann mit der Milch unter Rühren aufgekocht, nach Belieben mit einem Eigelb verschlagen. — Für 1 Person

(Die Krankenkost von H. Heyl.)

### 197. Nahrhafte Schokolade.

¹/₄ Liter Milch, 40 Gramm gute Schokolade, 2 Eier.

Die Schokolade muß in der Milch erweichen und sich verteilen. Die Eier werden in einem irdenen Topf geschlagen, Schokoladenmilch dazu gegossen und mit einem Schneeschläger die Masse über dem Feuer schaumig geschlagen und angerichtet. Für 1 Person.

(Die Krankenkost von H. Heyl.)

FSC
www.fsc.org
MIX
Papier | Fördert
gute Waldnutzung
FSC® C083411

Zeitfracht Medien GmbH
Ferdinand-Jühlke-Straße 7
99095 Erfurt, Deutschland
produktsicherheit@kolibri360.de